O Empresário Criativo

Roger Evans
Peter Russell

O Empresário Criativo

Tradução
Terezinha Batista dos Santos

EDITORA CULTRIX
São Paulo

Título do original:
The Creative Manager

Copyright © 1989 by Roger Evans, Peter Russell.
Originalmente publicado em inglês por:
Harper Collins Publishers Ltd.

Edição	Ano
2-3-4-5-6-7-8-9-10	98-99-00-01-02

Direitos de tradução para o Brasil
adquiridos com exclusividade pela
EDITORA CULTRIX LTDA.
Rua Dr. Mário Vicente, 374 – 04270-000 – São Paulo, SP
Fone: 272-1399 – Fax: 272-4770
E-mail: pensamento@snet.com.br
http://www.pensamento-cultrix.com.br
que se reserva a propriedade literária desta tradução.

Impresso em nossas oficinas gráficas.

Para Joan e Anna,
por seu amor e apoio

Nunca antes a velocidade da evolução da vida foi tão acelerada caracteristicamente no ritmo de crescimento dos fatos, do conhecimento, da técnica e das invenções. Estamos necessitando de um tipo de ser humano diferente, capaz de viver num mundo em eterna mudança, educado para sentir-se à vontade com a mudança de situações sem o seu conhecimento prévio. A sociedade que puder produzir essas pessoas sobreviverá; as que não puderem, morrerão.

Abraham Maslow (1976)

Apenas o indivíduo pode pensar, criando desse modo novos valores para a sociedade e, mais ainda, estabelecer novos padrões morais com os quais a vida de comunidade se harmoniza. Sem as personalidades criativas capazes de pensar e avaliar independentemente, a evolução ascendente da sociedade é tão impensável quanto a evolução da personalidade individual sem o solo nutritivo da comunidade. A saúde da sociedade depende, assim, tanto da independência dos indivíduos que a constituem quanto da coesão social sólida destes.

Albert Einstein (1955)

Sumário

Agradecimentos 11

Prefácio 13

1 – Resposta criativa à mudança 19
    Mudança e organização 20
    Um futuro incerto 23
    Mudança e indivíduo 24
    Mudança e sociedade 26
    Estabilidade na mudança 27
    Flexibilidade e mudança 28
    Criatividade e administração 28

2 – Quem é o Administrador Criativo 30
    O administrador criativo ao longo dos tempos 32
    O administrador criativo hoje 34
    Revendo o papel da organização 36
    As pessoas são o mais importante 40
    A ilusão da mudança administrativa 43
    O caminho do administrador criativo 45

3 – O Processo Criativo 47
    Como valorizar a nossa criatividade 48
    A criatividade como um processo 50
    PREPARAÇÃO – ABRINDO CAMINHO 54
    Preparação sem pressa 56
    FRUSTRAÇÃO – INDICAÇÕES DO MISTÉRIO 58
    Frustração malcompreendida 59
    Como lidar com a frustração 60
    INCUBAÇÃO – COMO RECONHECER O MISTÉRIO . . . 64
    Ouvindo nosso inconsciente 66
    Dar tempo para a incubação 67
    A PERCEPÇÃO INTUITIVA: A SOLUÇÃO DO MISTÉRIO . 70
    Estalo e imaginação 71
    Autoconfiança 72
    ELABORAÇÃO – O CAMINHO PARA A FORMA 74
    Fases de elaboração 75
    O processo da criação em miniatura 76

A CRIATIVIDADE COMO PROCESSO 78
A dança do interior e do exterior 78
A criatividade e os hemisférios esquerdo
e direito do cérebro 79
Aprendendo com o processo como um todo 80

4 — Criando o mundo que vemos 83
Como vemos o mundo? 84
Juízos de valor 87
Vendo as coisas com outros olhos 88
Juízos de valor exacerbados 90
Juízos de valor prejudiciais 92
Como lidar com nossos juízos de valor 95

5 — Libertando a nossa mente para criar 98
Desafiando suposições 99
Questionando suposições 100
Brainstorming 102
Livre de juízos de valor 102

6 — O desgaste da criatividade 106
Estresse e pressão 107
A reação do estresse 109
Primeiros sinais de alerta 112
O estresse e a nossa atitude diante da vida 113
Como evitar o colapso 115
Isso tudo está na mente? 118
Como administrar nossas reações 120
O caminho do administrador criativo sob estresse . 122

7 — Recriação social 124
O caminho do aprendizado 124
Revendo a auto-exploração e a autodescoberta . . . 126
A mudança de valores 127
Rumo à autonomia e à autodireção 129

8 — O mundo interior do administrador criativo 131
A voz interior 132
Como valorizar a nossa imaginação 133
Juízos de valor e necessidades íntimas 135
Como modificar nossos juízos de valor 137
As necessidades das outras pessoas 139
Nossa busca comum 140

9 — Administração criativa com as outras pessoas 142
    Relacionamentos criativos 142
    Comunicação 144
    Falando a verdade 145
    Saber ouvir 147
    Saber ouvir e discurso interior 149
    O retorno na comunicação 150
    COMO VALORIZAR A DIFERENÇA 152
    O aspecto humano na equipe 153
    Como administrar o trabalho de equipe 155
    Equipes de criação 157
    ADQUIRIR PODER 161
    A delegação de poderes 162
    Liderança 165

Posfácio 168

A história criativa do livro 170

O trabalho dos autores nas organizações 174

Leituras adicionais 175

Agradecimentos

Com um livro desta natureza, baseado na nossa experiência com inúmeras organizações e pessoas, muitas são as pessoas a quem gostaríamos de agradecer. Sem o apoio de Rose-Marie Aitken, de Bram Bakker, de Eric Bunge, de Rex Burrow, de Lennart Dahlgren, de Mahmoud Eboo, de Ralph Edebo, de Ram Gidoomal, de Keith Gilchrist, de Mike Hamilton, de Margaret Harrison, de Ton Kunneman, de Henk Mylanus, de Torborg Nilsson, de Alex Oechslin, de John Painter, de Mike Payne, de Annika Sandstrom, de Azad Shivdasani, de Agne Svanberg, de Max Weeden e de Eckart Wintzen este livro não chegaria a existir. Estas pessoas nos convidaram a trabalhar com a sua organização ou equipe.

Todos os exemplos citados neste livro provêm das pessoas com as quais trabalhamos. Uma vez que não nos referimos a elas pelo nome ao longo do texto, deixamos consignado aqui o nosso agradecimento. São elas: Sunder Advani, John Ajene, Hans Barth, Andrew Blake, Tony Bradburn, Peter Bregman, Capitão Chadda, Dara Contractor, Tony Cornel, Björn Dahlback, Peter Dawson, Maynard Donker, Leif Elsby, Foster Gault, Freddy Ghassens, Juhan Kohl, L. Lawal, Mike Laycock, Bengt Lindgren, Pramode Metre, Bill Mills, Henry Okolo, Alabi Olaleye, V. Ramchandran, Fred Ramundo, Danielle Roex, Graham Sanderson, Hans Scholten, Tony Smith, Willy Söderberg, David Steavenson, Nico Timmerman, Alison Weller, Nicholas Wilshaw, Elisabeth Wistrand e Jose Zwiers-Smakman.

Muitos amigos e colegas contribuíram para o nosso trabalho ao longo dos anos. Gostaríamos de agradecer a Mark Brown pela sua exposição sobre juízos de valor e também a Chris Bakker, a Hendrik van Beek, a Tony Corke, a Brian Durkin, a Chris Elphick, a Victor Marino, a Ian Taylor, a John Moss-Jones e a Joe Sohm.

Durante a elaboração dos primeiros rascunhos deste livro, Anuradha Vittachi ofereceu-nos inestimável auxílio, ajudando-nos a tirar da cabeça muitas das nossas idéias e a organizá-las em um livro. Nas fases subseqüentes de preparo, Lisbeth Almhöjd, Cynthia Alves, Mike Brown, Jane Henry, Mark Horowitz, Anna Pauli e Kate Vickers nos deram sua valiosa contribuição e fizeram muitas sugestões úteis.

Quanto à produção, este livro representa uma aventura diferente, não só para nós como para o nosso editor. Escrevemos todo o manuscrito em um Apple Macintoshi (ver a seção sobre "A história criativa do livro"), e chegamos à conclusão de que seria conveniente entregar o livro em disquete; desta forma estaríamos economizando muito tempo e todas as despesas de composição, bem como faríamos a verificação dos erros no estágio de provas. Além disso, com a impressora a *laser*, poderíamos produzir a cópia final, para os impressores procederem ao seu trabalho. Este casamento de edição informatizada com a edição tradicional permitiu-nos diminuir o tempo de produção em diversos meses, e dispensou a necessidade de provas. Joan Evans desempenhou um papel fundamental (e delicioso) nesta fase, projetando a composição e preparando o nosso texto para a impressão a *laser*. Seu tempo, energia, dedicação e sugestões foram desmedidos.

Gostaríamos também de agradecer a Peter Gill, por sua dedicação ao projeto; Tat Wasserman pelo trabalho das ilustrações (cuja maior parte também foi preparada no Macintosh); Rupert Sheldrake, pela ilustração na página 85; e Malini Hettiaratchi, por sua contínua disposição em ajudar, sempre e como quer que fosse necessário. Um muito obrigado a Roger, Rita e Ken Nutting e a David Wynne, pela gentileza em deixar-nos usar seus chalés, respectivamente na costa selvagem de Sussex e no mais recôndito de Suffolk, e nos esconder ali por três meses com nosso Mac. Por último, mas não menos importante, gostaríamos de expressar nossa gratidão a nossa editora, Mary Butler, por sua paciência e disposição em experimentar algo novo.

Prefácio

O homem é prisioneiro da sua forma de pensar e dos próprios estereótipos sobre si mesmo.

Sua máquina de pensar, o cérebro, foi programada para um mundo que desapareceu.

Esse velho mundo caracterizava-se pela necessidade de lidar com coisas — pedra, madeira, ferro.

O novo mundo caracteriza-se pela necessidade de administrar a complexidade.

A complexidade é a própria matéria do mundo de hoje.

A ferramenta para lidar com a complexidade é a ORGANIZAÇÃO.

Mas nossos conceitos de organização pertencem ao velho mundo, muito menos complexo, e não ao mundo de hoje, bem mais complexo.

Ainda menos adequados são eles para lidar com a próxima época de complexificação, num mundo de explosiva mudança.

Stafford Beer (1975)

Há cinqüenta anos, o desenvolvimento da administração praticamente inexistia. De maneira geral, acreditava-se que qualquer pessoa com potencial para tornar-se um bom administrador naturalmente chegaria ao topo. Então, graças à experiência adquirida na II Guerra Mundial com os sistemas de administração no exército, as pessoas começaram a perceber o que caracterizava um bom administrador nos negócios. Poderiam as pessoas ser instruídas e treinadas na arte da administração? Neste caso, como? Resultaram daí muitos estudos militares aplicados ao desenvolvimento da administração mais profissional.

O efeito disso foi um passo criativo e definitivo à frente, e que veio modificar a face das organizações em todo o mundo; elas tornaram-se não apenas relativamente mais eficientes, mas também foram capazes de crescer tanto em tamanho como em complexidade. O surgimento da corporação multinacional, por exemplo, depende do ensinamento, organização e disseminação eficientes de práticas de administração. Isso permitiu ao capital e ao operariado estabelecerem um relacionamento da forma mais eficaz possível, maximizando a capacidade de lucro e os ganhos da organização.

Com o crescimento desta "profissionalização", cresceu também a necessidade de especializações específicas da administração, a maioria das quais têm sido desenvolvidas e ensinadas pelas inúmeras e diferentes escolas de comércio que floresceram. Essas escolas vão de universidades altamente acadêmicas e importantes até colégios locais que hoje existem em todo o mundo, tanto nos países desenvolvidos como nos subdesenvolvidos. Complementando estas, encontra-se uma pletora de cursos de administração. O resultado líquido foi uma revolução na forma como as organizações se estruturam, na forma como conduzem seus negócios e na forma como tratam as pessoas.

Nos primeiros anos, esta emergente ciência da administração concentrou-se na formulação e padronização das práticas administrativas. Suas prioridades eram a contabilidade mais livre e concisa, orçamentos melhores, planejamento de longo prazo, estruturas corporativas mais eficientes, organização de recursos humanos, produção eficiente e a redução do tempo e do material desperdiçado. Nas décadas de 60 e 70, o marketing e a pesquisa de mercado tornaram-se outro ponto importante. Na década de 80, as tecnologias de informação surgiram igualmente como prioridades.

Tais habilidades eram e são tidas como necessárias ao administrador bem-sucedido das organizações do setor público e corporativo. Todavia, durante este período, os aspectos mais humanos da administração também cresceram em importância. Hoje, em corporações maiores, inúmeros administradores despendem grande parte do seu tempo treinando outros administradores. Essas tarefas exigem habilidades administrativas mais "delicadas" tais como comunicação, liderança, delegação e motivação.

Ao mesmo tempo, a crescente descentralização, as estruturas organizacionais mais niveladas e a exigência de maior autonomia indicam que cada vez mais responsabilidade tem sido colocada nas mãos de pessoas. Como resultado, também existe a necessidade geral de maior auto-administração. As pessoas precisam administrar melhor o seu tempo, precisam aprender a suportar a tensão, a harmonizar suas vidas pessoal e profissional e a administrar seus relacionamentos.

Simultaneamente, as pessoas pedem maior reconhecimento e autonomia. Elas não estão mais dispostas a ser conduzidas segundo o estilo militarista do imediato pós-guerra e a "obedecer às ordens". Exigem ser tratadas como indivíduos com suas próprias necessidades e preocupações. O trabalho deixou de ser tão-somente o local onde realizam um serviço, mas tornou-se o lugar onde elas podem expressar seus valores, seu potencial e sua criatividade. Para muitas pessoas, não basta ter um bom salário; elas também querem a riqueza interior, querem sentir que são seres humanos valorizados, produtivos e realizados.

São estas as necessidades que os administradores precisam levar muito a sério agora. Eles têm de encontrar maneiras de harmonizar a crescente necessidade de administrar o universo pessoal do ser humano com as intratáveis exigências da administração altamente profissional. Isso exigirá novas atitudes em relação à administração, bem como disposição para explorar áreas desconhecidas.

Outro fator de grandes implicações para a administração é o ritmo cada vez mais acelerado da vida. À medida que adentramos na década de 90 e formos mais além, com toda probabilidade teremos de lidar com uma velocidade de mudanças e um conjunto de incertezas ainda maiores que as de hoje. Lidar com tal futuro não mais será apenas uma questão de sistemas e estruturas mais eficientes; essas habilidades administrativas "mais suaves" serão a nova prioridade. A necessidade de maior flexibilidade de pensamento será fundamental. As organizações que sobreviverem nos próximos anos serão aquelas que se dispuserem a abandonar as atitudes inadequadas e a responder criativamente às pressões da mudança. Isso se aplica a todos os tipos e níveis de organização, desde as governamentais e comerciais até as familiares e comunitárias.

Essas habilidades mais humanas são bem menos palpáveis que a contabilidade, o marketing ou a computação. Como resultado, vez por outra são consideradas o parente pobre da administração comercial. Embora possam ser intangíveis, elas se revelam fundamentais. Constituem o lubrificante de qualquer organização, crucial para seu sucesso.

Quando essas habilidades mais pessoais são transmitidas, de modo geral são ensinadas da mesma maneira que as habilidades administrativas "mais duras". As pessoas aprendem "como" usá-las na prática e vão a treinamento a fim de praticar o que aprenderam. Mas o sucesso de tais abordagens é limitado. Esta eficácia parcial serve tão-somente para reforçar a visão de que tais habilidades são "suaves", de que há poucas mudanças a serem exibidas.

O desenvolvimento dessas habilidades não só exige treinamento, mas também a compreensão mais profunda de nós mesmos. Isso significa ajudar as pessoas a reconhecer seus próprios conflitos internos, a perceber por que às vezes reagem de determinada maneira, a conhecer melhor suas próprias necessidades e motivações, a descobrir como administrar suas atitudes, a avaliar sua força e sua fraqueza, a compreender seus próprios processos criativos e com base nisto, a aprender a ter empatia com os universos interiores das outras pessoas e a compreendê-los.

Aprender a lidar com os aspectos mais difíceis da administração não é tarefa fácil. Essas dimensões internas são mais difíceis de ver, de avaliar, de compreender, bem mais difíceis de tratar e ainda mais difíceis de desenvolver. Por conseguinte, pouco tempo tem sido dedicado à exploração de como trabalhar nessas áreas. Eis aí uma das razões pelas quais o "treinamento" dessas habilidades de auto-administração é tão mais difícil que as habilidades com as quais gerimos o mundo que nos cerca. A este respeito, estas são as habilidades administrativas "difíceis" da década de 90.

15

Enquanto consultores, a mensagem que recebemos de muitos líderes corporativos indica que a tarefa mais difícil e premente com que se defrontam hoje é criar meios que verdadeiramente habilitem outras pessoas. Em outras palavras, construir organizações que respeitem os indivíduos e lhes permitam expressar seu potencial criativo inato. Eles também sabem que, se não o fizerem, não serão capazes de enfrentar a complexidade e as mudanças do futuro. Esses líderes estão percebendo que, apesar de seu desenvolvimento ser difícil e árduo, as habilidades humanas são essenciais para nossa sobrevivência — individual, corporativa e talvez mesmo global.

Eis a nova fronteira da ciência administrativa. À semelhança de todas as fronteiras, ela está cheia de possibilidades, local para exploradores e pessoas que desejam libertar-se das formas antiquadas. É uma região inexplorada e desconhecida; contudo, pode ser estimulante e recompensadora. É a terra da nova esperança. Assim como a maior parte das novas fronteiras, está repleta de dificuldades. Seus pioneiros amiúde defrontam-se com o ceticismo e a incompreensão, e pode haver mais de um começo anulado e decepções. É também um trabalho árduo.

Na próxima década, esperamos ver cada vez mais pessoas dedicando-se a esta nova fronteira, às habilidades "árduas" de compreender a si mesmas e às outras pessoas. O desafio vindouro da ciência administrativa consistirá em *re-ver* a evolução das pessoas e elevar o balanço humano ao nível do balanço financeiro, como sinal de verdadeira saúde de uma organização.

A tarefa que se tem pela frente pode não ser fácil, mas somos encorajados pela disposição de muitas pessoas que encontramos para enfrentar essas "novas" e árduas habilidades administrativas. O presente volume constitui nossa modesta tentativa de corresponder a essas pessoas. É um livro para todos os que estão preocupados com a posição do ser humano no centro do nosso futuro e com a expressão da rica criatividade que todos compartilhamos.

O Capítulo 1 traça o contexto do livro. Analisa a criatividade e outras qualidades interiores exigidas ao lidar com uma mudança cada vez maior. O Capítulo 2 apresenta o administrador criativo e seu[*] papel no mundo de hoje. Percebemos que esses administradores criativos não são novidade, podendo ser encontrados ao longo da história. Caracterizam-se pela disposição em ver seu tempo com olhos novos e transformar uma visão em realidade. Nos dias de hoje muitas pessoas encontram um canal de expressão através das organizações, pois aí descobrem mais poder para sua visão.

---

[*] Ao longo do livro utilizamos o pronome masculino em seu sentido andrógino de "ele ou ela" (exceto onde o sentido masculino é claramente pretendido), e vez por outra o pronome feminino em sentido neutro semelhante.

O caminho desses administradores criativos fundamenta-se em uma compreensão mais profunda da criatividade humana; nesse sentido, é um caminho interior.

O Capítulo 3 explora o caminho interior, analisando em profundidade as diversas fases do processo criativo que permeia nossas vidas. Pensamos em dedicar um capítulo separado para cada fase, mas decidimos apresentar o processo como um todo, enfatizando a relação dinâmica existente entre os aspectos internos e externos da criatividade. Muitos de nós atualmente possuem uma boa compreensão da forma de administrar os aspectos externos, entretanto, as dimensões internas mais misteriosas do processo são muito difíceis de tratar. Estas são as fronteiras que, acreditamos nós, a ciência administrativa não mais pode ignorar. Por conseguinte, este capítulo é o fio com o qual tecemos o restante do livro.

Nos capítulos 4 e 5, estabelecemos as premissas para a liberação da criatividade. Percebemos como é fundamental desafiar todas as nossas suposições e juízos de valor. O que significa estarmos dispostos a olhar o mundo com olhos novos. Eles falam da nossa libertação, para que possamos viver no presente e não com base em atitudes e crenças passadas. O Capítulo 6 enfoca as crescentes pressões da vida em um mundo de acelerada mudança, e de que forma o estresse pode limitar nossa criatividade. Ele confere uma nova e importante dimensão ao livro. O estresse é visto não somente como um perigo, mas também como uma oportunidade — a oportunidade de descobrir o autodomínio. Para o administrador criativo, ele abre outra porta para seu mundo interior.

O Capítulo 7 mostra como as novas fronteiras da administração, por nós discutidas, se refletem nas dramáticas mudanças que estão acontecendo nos valores individuais. A crescente consciência de si, tão importante para a liberação da criatividade, é algo que mais e mais pessoas estão explorando, e aponta oportunidades ocultas subjacentes à Era da Informação.

Sob alguns aspectos, o Capítulo 8 é o coração do livro. Ele trata de uma compreensão mais profunda de nós mesmos, e explica como isso pode nos ajudar a administrar os aspectos mais misteriosos do processo criativo. Basta ouvir nossa própria sabedoria interior.

Os administradores criativos não estão preocupados apenas com suas realidades internas: são homens e mulheres de ação. E como tais, estão em inevitável interação com as outras pessoas. Aprender a trabalhar com os demais é a pedra fundamental de qualquer organização. O último capítulo enfoca o árduo trabalho de aplicar nossa consciência e criatividade em nossos relacionamentos. Perguntamos: como podemos melhorar a qualidade da nossa comunicação? O que faz o sucesso de uma equipe criativa? Como outras pessoas podem ser habilitadas de forma a tornarem-se administradores criativos por si sós?

Embora este livro tenha sido escrito, em grande medida, dentro do contexto do nosso trabalho em corporação e com administradores no sentido convencional, ele analisa o que há de comum em todos nós seres humanos e foi escrito tendo em mente todos nós. Baseia-se em nossa experiência de vida e espera que cada um de nós possa tornar-se o administrador mais criativo em nossas vidas.

Capítulo 1

Resposta Criativa à Mudança

Numa época na qual o conhecimento, construtivo e destrutivo, avança a passos largos rumo a uma fantástica era atômica, a adaptação genuinamente criativa parece representar a única possibilidade de o homem acompanhar a evolução da mudança caleidoscóspica do seu mundo...

A menos que indivíduos, grupos e nações possam imaginar, construir e reconsiderar de uma maneira criativa novas formas de relacionamento com essas complexas mudanças, as luzes apagar-se-ão.

A não ser que o homem possa fazer novas e originais adaptações em seu ambiente, tão rápidas quanto sua ciência pode modificar o ambiente, nossa cultura perecerá... A aniquilação será o preço que pagaremos pela falta de criatividade.

Carl Rogers (1954)

Para onde quer que nos voltemos, percebemos a mudança. Tecnologias mudam, teorias científicas mudam, costumes sociais mudam, valores mudam, estruturas organizacionais mudam, pessoas mudam. De fato, é comum dizer, a respeito dos tempos modernos, que "a única certeza é a mudança".

A mudança, contudo, nada tem de novo. Ela é intrínseca à própria vida. Não é a mudança que constitui novidade, mas sim a velocidade em que ela ocorre. Nunca antes na história da humanidade nossa compreensão, nossas tecnologias, nossos costumes, nossos valores, nossas organizações e as próprias pessoas mudaram com tanta rapidez.

Olhamos apenas vinte anos para trás e vemos um mundo diferente — um mundo sem computadores pessoais, satélite de televisão ou telefones celulares; um mundo sem a dramática mobilidade e variedade de ocupações que temos hoje; um mundo sem bolsas de valores, Big-Bang e a interdependência econômica global, a qual afeta até mesmo as menores companhias; um mundo com pouca consciência da fome disseminada, da escassez de energia e da devastação ecológica.

Basta olhar uma centena de anos para trás, e mal se reconheceria o mundo; nem rádio, nem carros, nem aviões, nem eletricidade, nem eletrônica, nem petróleo, nem plástico, nem cinema.

Retroceda mil anos e estaremos em um mundo completamente diferente.

Esta tendência para velocidades de mudança sempre maiores nada tem de novo; ela remonta à origem da história humana. Nos tempos neolíticos, o progresso era calculado ao longo de milênios; há dois mil anos ele era medido em séculos; hoje em dia, o calculamos em décadas. Na verdade, assim como a própria mudança é natural à vida, também o é a aceleração da mudança.

Cada nova idéia criada em nossa mente e cada nova tecnologia estabelecida tem contribuído para outras descobertas e rupturas, acelerando mais o crescimento. A Revolução Industrial, por exemplo, levou à criação dos processos de produção em massa e tecnologias industriais cada vez mais refinadas. Quando, há cem anos, o homem começou a produzir computadores e *chips* de silício, não precisou reinventar fábricas ou as sofisticadas tecnologias envolvidas; elas já haviam sido estabelecidas. Por conseguinte, a Revolução da Informática demorou uma fração do tempo necessário para o estabelecimento da Revolução Industrial.

Além do mais, a própria natureza da tecnologia de informação indica uma expansão muito mais acelerada que a tecnologia industrial. A informação é muito mais flexível que a matéria. É preciso um tempo comparativamente maior para que o desenho de uma viga de aço exija grande modificação, mas programas de *software* podem e de fato precisam mudar com muito mais freqüência — quase todas as semanas. Grandes inovações de *software*, tais como "janelas" e "ícones" difundiram-se, uma vez comprovada sua eficácia, muito rapidamente pela indústria. A produção em massa de um novo programa exige apenas um bom copiador, e não uma nova fábrica.

Por mais vertiginosa que pareça a velocidade das mudanças nos dias atuais, podemos ter uma certeza: A não ser que ocorra uma catástrofe ou um desastre, daqui a dez anos o ritmo de vida será muito mais acelerado que hoje — e, passada mais uma década, será consideravelmente mais rápido ainda.

Em resumo, a mudança não só é natural como chegou para ficar; sua velocidade é cada vez maior e muito provavelmente continuará a sê-lo.

Mudança e organização

Este ritmo acelerado de mudança inevitavelmente exerce um efeito profundo nas organizações. Corporações há muito estabelecidas e que têm-se mostrado incapazes de reconhecer ou responder às tecnologias e mercados de mudança vêm sofrendo profundo desgaste.

As ferrovias americanas, por exemplo, foram estruturadas na crença de que o futuro seria "o negócio de sempre", mas com o passar do tempo viram seu desempenho perder para as estradas e vias aéreas. A construção naval, a produção têxtil e as linhas aéreas inglesas são outros bons exemplos de dinossauros industriais, tão bem implantados em seu caminho que se revelaram incapazes de adaptar-se rápido o suficiente à aceleração das mudanças.

Novas indústrias surgiram quase da noite para o dia. Fabricantes de computadores, casas de *software*, consultorias de administração e companhias que exploram o potencial da biotecnologia surgiram como flores primaveris. Algumas sobreviveram e ficaram conhecidas; muitas, entretanto, depois de um curto apogeu, desapareceram silenciosamente na história. Outras, incapazes de conseguir mais do que um ingresso precário em seus mercados de alta competitividade e em rápida mudança, desapareceram antes mesmo de serem percebidas.

Enquanto há vinte anos uma companhia poderia levar um ou dois anos deliberando a respeito de grandes modificações de produto e orientação, hoje as decisões têm de ser tomadas via de regra em questão de meses — às vezes de semanas. Particularmente na indústria da informática, tem se observado uma corrida para lançar no mercado, antes dos concorrentes, a última novidade em tecnologia ou *software* ou então o empenho em colocar-se em dia com os lançamentos repentinos e surpreendentes. John Sculley, presidente da Apple Computers, com sede na Califórnia, ocupa uma posição privilegiada no ramo o que lhe permite apreciar melhor este fenômeno. Em seu livro *Odyssey* [Odisséia] ele escreve:

> A pressão do tempo quase mutilou nossa capacidade de enfrentar a mudança. A tecnologia transformou o mundo em um lugar menor e mais rápido, que pune a instituição lenta e estável. As companhias que, através de suas organizações, conseguirem com agilidade desenvolver idéias e obter informações para discussão e ação terão vantagens competitivas específicas sobre as demais.

As grandes corporações podem ter a vantagem de maior impulso e estabilidade; por essa razão, talvez não sejam tão facilmente submergidas pela mudança. Por outro lado, elas também possuem maior inércia. Fazer com que uma grande multinacional mude sua orientação é o mesmo que tentar mudar a direção de um petroleiro. Quando um iceberg assoma repentinamente das brumas adiante, a necessidade de decisões rápidas é crucial, para que o petroleiro possa ser desviado a tempo. Uma embarcação menor e mais maneável pode demorar um pouco mais para avaliar a situação — supondo-se que ela não esteja no caminho do petroleiro!

Esta crescente pressão por reações rápidas traz seu preço para as organizações e os indivíduos. Sem tempo suficiente para pensar, as decisões podem ser tomadas levando-se em conta antes o passado do que fazendo-se uma total apreciação do futuro, e amiúde em estado de pânico coletivo, em vez de "calmo e senhor de si".

Ironicamente, os próprios fatores que exigem novas formas de ver e novas respostas tendem a limitar nossa flexibilidade. Estar sob pressão pode levar a sentimentos de insegurança. Ter ao mesmo tempo de aventurar-se em terreno desconhecido e novo pode apenas acentuar esta insegurança. A ansiedade resultante pode tornar-nos cautelosos e rígidos em nossas idéias.

A crescente complexidade dos problemas com os quais nos defrontamos significa amiúde que ninguém possui todas as informações e perspectivas necessárias para tomar a melhor decisão. Contudo, muitas vezes consideramos o pedido de ajuda um sinal de fraqueza e não de força. Quando não conseguimos nos arranjar sozinhos, podemos interpretar nosso fracasso como uma deficiência pessoal. Em algumas pessoas isso tende a produzir um estilo defensivo, dogmático e autoritário, em outras, sentimentos de desamparo, depressão e retraimento — dificilmente os melhores estados de espírito para lidar com as exigências de mudança tão acelerada. Assim, não é de surpreender que tantas decisões acabem constituindo uma falta de visão, ou sendo incompletas, inadequadas ou às vezes um erro total.

Em seu discurso de despedida em 1986, ao aposentar-se da presidência da Confederação das Indústrias Britânicas, *Sir* Terence Beckett execrou os danos causados aos negócios pelo imediatismo.

> Temos de reconhecer que as decisões tomadas hoje na indústria trarão repercussões não apenas para o próximo período ou para o próximo ano, mas para os próximos vinte ou trinta anos.
> Decisões apressadas, tomadas no calor de um instante podem afetar um negócio ao longo de décadas.

Ao mesmo tempo em que as organizações sentem a pressão no sentido de tomar decisões rápidas e vantajosas, a crescente interligação e complexidade do mundo dos negócios exige que se explorem as implicações a longo prazo dessas decisões. Como esta reflexão profunda toma mais tempo, é comum surgir um conflito entre as pressões para uma decisão rápida e a necessidade de uma decisão acertada.

As pressões de curto prazo sempre parecem mais imediatas — esta é a sua essência. Por outro lado, as necessidades de longo prazo sempre podem esperar um pouco. Quando, por exemplo, a situação financeira não está boa consideram-se a pesquisa e o desenvolvimento, o treinamento, programas sociais e outros investimentos de longo prazo como despesas que podem ser reduzidas com pequenos efeitos perceptíveis. Eles podem esperar. O problema é que são sempre eles que podem esperar.

Isso se aplica a muitas outras organizações, não apenas a empresas comerciais. Na década de 80, os governos do Reino Unido, dos EUA e de alguns dos países mais desenvolvidos e ricos reagiram às pressões econômicas de curto prazo reduzindo verbas para educação, pesquisa científica, previdência social, saúde e serviços sociais. Esta abordagem pode perfeitamente ser válida segundo a perspectiva política e financeira de curto e médio prazos, todavia, resta saber se ela será razoável ou não em termos da saúde da nação a longo prazo. Com isso não se está sugerindo que a perspectiva de longo prazo seja necessariamente a correta — se as necessidades de curto prazo não forem levadas em consideração, é bem possível que não haja futuro a longo prazo — mas apenas ressaltando as dificuldades muito reais que as organizações enfrentam, na tentativa de equilibrar necessidades aparentemente conflitantes.

Um futuro incerto

A mudança pode ser excitante e estimulante. Pode deflagrar novas idéias, encher-nos de entusiasmo, oferecer novas oportunidades, colocarnos novos desafios e despertar-nos de nossa letargia. A mudança pode dar sabor à vida.

Contudo, ela também traz incertezas, e, dessa forma, parece acarretarnos muitos problemas enquanto indivíduos. Mudanças econômicas trazem mudanças no emprego — e a ameaça de excedente de pessoal. Novas tecnologias trazem novos processos — e mais coisas a aprender. Descobertas científicas promovem novas formas de pensar, desafiando-nos a abandonar nossas convicções acalentadas. Mudanças sociais podem ameaçar nossa identidade estabelecida. Mudanças pessoais podem afetar nossos valores, levando-nos a nos questionar acerca do que é certo e do que é realmente importante.

E existem as incertezas de longo prazo. Como será o mundo daqui a vinte ou quarenta anos? Ainda estaremos aqui? Teremos sobrevivido à ameaça de aniquilação nuclear? Terá ocorrido um colapso total da economia? Todas as pressões associadas a um mundo em tão acelerada mudança terão levado a estados totalitários nos quais os indivíduos são constrangidos ao conformismo através de uma profusão de tecnologias? Ou assemelharse-á mais ao futuro dos romances de William Gibson, nos quais a cibernética e as tecnologias genéticas investem furiosamente, gerando implantes de cérebro a fim de forjar o tempo "diante dos nossos olhos", com computadores lutando para derrotar os "vírus" de outros e com fábricas de comida "desenvolvida". Ou alguma visão "nova era" consumar-se-á e a sabedoria e a iluminação prevalecerão, permitindo-nos fazer uma limpeza na confusão que criamos, viver em harmonia com nós mesmos e com toda a vida, e administrar nosso futuro com inteligência e cuidado?

A verdade é que ninguém sabe — embora muitos tenham suas convicções.

O resultado poderá ser, inclusive, alguma coisa que nenhum de nós chegou a imaginar. John Harvey-Jones, ex-presidente do gigante químico britânico ICI, é um capitão da indústria que vê tudo isso de uma forma muito clara. Em seu recente livro sobre liderança, *Making It Happen* [Fazendo acontecer], ele comenta:

> Tem de ser possível sonhar com o impensável e falar do impensável, porquanto a única coisa que sabemos é que não sabemos como será o mundo de amanhã. Ele terá mudado mais do que mesmo o pensamento mais exagerado é capaz de alcançar.

Mudança e indivíduo

O que quer que possa ou não acontecer, a própria incerteza do futuro promove a ansiedade. Começamos a pensar: O que acontecerá comigo? Com minha família? Com minha aposentadoria? Com minha maneira de viver? Com minha saúde? O que posso fazer a respeito? Conseguirei suportar?

Tampouco são apenas as implicações futuras da mudança que nos preocupam. Quanto mais acelerada a mudança, mais rapidamente temos de nos adaptar, e maiores as pressões sobre nós. Tomemos, por exemplo, a correspondência eletrônica. Em muitas companhias contemporâneas de tecnologia avançada, todos os empregados estão interligados através dos seus terminais de computador. Em vez de mandar uma carta ou memorando e receber resposta alguns dias depois, uma mensagem pode ser digitada — em alguns casos, até mesmo falada — e enviada ao outro lado do mundo, e a resposta é recebida em poucas horas, ou em minutos.

Isso, sem dúvida, constitui uma grande vantagem para a eficiência dos negócios, mas existem custos humanos ocultos. Não há tempo para respirar. Pode haver a exigência de tomar decisões antes que todos os fatos estejam disponíveis ou que as alternativas sejam rapidamente analisadas. O nível de contato pessoal pode ser reduzido. E são crescentes as pressões no sentido de receber, digerir e responder a quantidades cada vez maiores de informação. Administradores em seminários saem correndo no primeiro intervalo, em busca do terminal de computador mais próximo para verificar se seu escritório deixou alguma mensagem ou não. Nem sempre eles aguardam ansiosos uma mensagem — em geral, ficam aliviados quando não há nada — mas a existência desta comunicação instantânea significa que eles não têm mais desculpas para não receber e responder à mensagem. Como resultado, espera-se cada vez mais que as pessoas se comportem como os computadores que utilizam e não como seres humanos que usam computadores.

Além disso, os computadores, máquinas de fax, máquinas portáteis para acompanhar a cotação das bolsas, correspondência oral e telefones móveis que podem ser usados em carros, em aviões e andando pela rua aumentaram muito a velocidade da comunicação e das transações comerciais. Tony Schwartz descreve em *Vanity Fair* esta "síndrome de aceleração" como:

> um estado de constante aceleração. Existe mais informação do que nunca a ser absorvida, mais exigências a serem satisfeitas, mais papéis a serem representados, tecnologia para realizar tudo mais rápido e nunca tempo suficiente para fazer tudo isso.
>
> O fenômeno é mais visível, por exemplo, nas profissões de ritmo acelerado — comunicações, política, Wall Street e Hollywood — e em grandes cidades por si sós intensas, por exemplo Nova York e Los Angeles. Mas a vida em ritmo acelerado não se limita às grandes metrópoles e a profissionais de grande vitalidade. Escreventes que usam computadores, por exemplo, relatam cada vez com maior freqüência que percebem a si mesmos adaptando seus próprios ritmos aos do computador. A este respeito, basta perguntar a qualquer mãe ou pai que trabalhem, não importa o quanto seu temperamento possa ser tranqüilo ou sua remuneração elevada, se eles não estão correndo mais para realizar mais embora lutando constantemente para prosseguir.

Quanto mais rápida a mudança e quanto menos capazes somos de suportá-la, mais vulneráveis estamos ao estresse. Cada um de nós tem limites e pode suportar a pressão até certo ponto, seja ela física, mental ou emocional, sem mostrar sinais de tensão.

Os gastos da indústria com moléstias relacionadas com o estresse são enormes. Nos EUA, 100 milhões de dias de trabalho por ano são perdidos em razão de dores nas costas, dores de cabeça, tensão nervosa, exaustão, etc., e estimam-se os custos em bilhões de dólares. Nos países europeus os custos estimados, proporcionais à população, são bastante semelhantes. Se incluirmos problemas de saúde exacerbados pelo estresse, tais como os resfriados, o custo será muito maior.

Contudo, o fator saúde não é o maior custo que as organizações têm por causa do estresse. Os erros e decisões insatisfatórias resultantes de uma mente estressada podem representar muitas vezes um custo bem maior. A tensão também afeta nossos relacionamentos. Não damos ao outro tanto tempo ou atenção; aborrecemo-nos ou impacientamo-nos facilmente com pessoas que não agem como gostaríamos, e, em geral, não nos comunicamos tão bem. O resultado é o desentendimento e a frustração.

Se o ritmo de vida continuar a se intensificar, o estresse sem dúvida tornar-se-á um problema cada vez mais sério. Escritores como Alvin Toffler têm mostrado repetidamente que, se quisermos sobreviver ao futuro, teremos de desenvolver nossas capacidades de adaptação. Precisamos tornar-nos mais flexíveis e não considerar tanto a mudança como uma ameaça. Temos de aprender a pegar a onda da mudança, em vez de nos deixarmos submergir por ela.

A mudança não irá embora. Nosso desafio não consiste em reprimi-la, mas em reagir a ela de uma maneira nova — e conseguir suportar aquilo que é totalmente inesperado, quando ele chegar inesperadamente.

Mudança e sociedade

A rápida aceleração do ritmo de vida também está causando profundo impacto no mundo que nos cerca. A ânsia da sociedade industrial por energia e recursos e a quantidade sem precedentes de lixo por ela produzido já estão trazendo graves conseqüências para o mundo em que vivemos. No futuro, as repercussões da avareza da sociedade quase certamente tornar-se-ão mais alarmantes e trarão implicações sociais e políticas generalizadas. Embora a maior parte das organizações dediquem grande atenção ao estudo de previsões econômicas e comerciais, poucas levam em consideração o fato de que a mudança social e política pode destruir a previsão mais sofisticada. As exigências de grupos de pressão e um público geral cada vez mais preocupado e ativo são as áreas nas quais as organizações se revelam mais vulneráveis. Reagir a essas mudanças sem precedentes imprevisíveis em nosso ambiente tornar-se-á tarefa da maior importância para cada organização e para seus funcionários.

Esses problemas não podem ser ignorados. Nossa crescente interdependência global e a velocidade de comunicação quase instantânea têm-nos colocado diante da necessidade de enfrentar as crises que nos confrontam. Ademais, o tamanho e a complexidade desses problemas podem facilmente fazer com que nos sintamos esmagados, assustados e impotentes. Aparentamos estar em meio a um colapso maciço, arremessando-nos vertiginosamente em direção ao desastre — e sem nada podermos fazer.

Todavia, muitas pessoas sabem intimamente que o indivíduo e apenas o indivíduo pode mudar as coisas. Sejam eles líderes políticos de visão, cientistas com uma nova idéia, artistas que expressam o espírito dos tempos, jornalistas que lutam por uma causa, administradores que levam a cabo novas práticas ou professores que transmitiram inspiração a todos esses, os indivíduos sempre foram os instigadores da mudança.

Evidentemente não podemos mudar o mundo sozinhos. Entretanto, está ao nosso alcance tomar algumas atitudes dentro das nossas organizações, sejam elas nossos locais de trabalho, nossas comunidades ou nossas famílias. Temos a responsabilidade de desenvolver formas criativas de pensar e agir que façam a melhor utilização possível das inúmeras oportunidades abertas pela constante mudança e inovação do nosso mundo de hoje. Ninguém é responsável pela organização como um todo; contudo, quanto mais pessoas assumirem a responsabilidade por si mesmas e por sua esfera de influência imediata, tanto mais a própria organização poderá mudar.

Não que não possamos fazer uma contribuição positiva; em geral, sabemos perfeitamente como contribuir. Não nos falta a capacidade de contribuir; o que nos falta é saber como exercitar o nosso poder — e a coragem para fazê-lo. O que nos falta é a realização.

Como alcançar esta realização? Como imprimir mais coragem e visão às nossas vidas? Como contribuir mais para a organização e para a sociedade às quais pertencemos? Como administrar nosso universo com maior criatividade? Este será o tema do presente livro.

Estabilidade na mudança

Um ingrediente fundamental para a nossa resposta à mudança deve ser forçosamente a estabilidade interior. Pegar a onda da mudança é como dirigir um barco por mares revoltos e em meio a um vendaval. O vento infla de tal maneira as velas que corremos o perigo de virar. Contudo, se não velejarmos a favor do vento, seremos varridos por ondas gigantescas. Todos somos marinheiros neste oceano, enfrentando as forças da natureza, procurando conduzir nós mesmos e a embarcação que criamos em meio à crescente turbulência.

Marinheiros nesta situação precisam ter grande habilidade e compreensão. Precisam também manter a calma interior. A maioria de nós prefere sair de barco com um marinheiro que conhece profundamente suas próprias capacidades e limitações, bem como reservas interiores de calma e paz, e não com aquele marinheiro que conhece apenas as técnicas. Sabemos que, diante da complexidade, incerteza e confusão, a estabilidade interior é fundamental. Só assim podemos reagir naturalmente, sem precipitações, sabendo quando relaxar e quando mostrar-se ativo e dinâmico.

Neste momento da história a humanidade realmente veleja em meio a uma tempestade furiosa. Ninguém sabe o que o futuro reserva, mas é quase certo que passaremos por mudanças em escala jamais experimentada antes. Quando vierem, é praticamente certo que essas mudanças serão súbitas e inesperadas. Inútil dizer que uma organização cujos membros puderem manter a calma e a estabilidade interiores em meio à tormenta estará muito melhor equipada para enfrentar as ondas que estão por vir.

Esta é uma das necessidades mais prementes do nosso tempo: desenvolver a capacidade de estar mais em paz conosco mesmos; encontrar um centro silencioso de estabilidade e tranqüilidade interiores, a partir do qual possamos pensar e agir com maior clareza e criatividade.

Flexibilidade e mudança

O futuro em cuja direção navegamos é incerto. Nosso desafio não consiste em profetizar como será o futuro, ou tentar manter a mudança sob controle, mas sim em responder criativamente ao imprevisto quando este surgir. E isto exige uma mente aberta.

Precisamos ser capazes de abandonar velhas percepções, velhas atitudes, velhas maneiras de enxergar e receber o novo com o frescor, a vitalidade e a liberdade que ele nos exige. Isso não é fácil. Devemos estar prontos para questionar todas as nossas idéias acerca de quem somos, para onde vamos, quais são nossas reais necessidades e o que é mais importante.

Evidentemente, as organizações e pessoas cuja sobrevivência às mudanças vindouras é mais provável serão as mais flexíveis e adaptáveis. Precisamos nos elevar acima do pensamento rígido e das idéias fixas que tendem a nos aprisionar. Embora possam nos ter servido no passado, é possível que venham a restringir nossa percepção do presente e do futuro.

Como escreve Gareth Morgan em *Riding the Waves of Change:*

> Temos pela frente um futuro no qual veremos mudanças o tempo todo. Como organizar nossas corporações para enfrentar a mudança? Como transmitir isso às pessoas? Não se trata apenas de um exercício de comunicação, é um juízo de valor, uma forma diferente de pensar.

A flexibilidade interior não é incompatível com a necessidade de maior estabilidade; uma depende da outra. Se não conseguimos manter a tranqüilidade interior, poderemos nos agarrar a padrões de comportamento rígidos, em busca de segurança. Por outro lado, quando existe paz interior, somos mais livres para reagir à mudança — e reagir da maneira mais apropriada. Assim, flexibilidade não significa deixar-se levar para lá e para cá pelos ventos da mudança; quando somos flexíveis, assemelhamo-nos a árvores ao vento — firmemente ancoradas por suas raízes, contudo capazes de curvarem-se à tormenta.

Criatividade e administração

Estabilidade e flexibilidade não são apenas ingredientes básicos na administração da mudança, elas são também essenciais à criatividade. A pessoa criativa não é derrubada por novas situações e novos desafios, mas é capaz de dar um passo atrás e olhar o novo com outros olhos. A administração bem-sucedida do futuro exige uma nova forma de pensar e o preparo para contemplar novas respostas. As mudanças sem precedentes pelas quais a humanidade passará à medida que nos aproximarmos da década de 90 e das primeiras décadas do século XXI exigirão como nunca antes a utilização dos nossos recursos criativos. Este é o imperativo com o qual se defronta a humanidade, no limiar do futuro mais incerto de que se tem notícia.

Podemos ser senhores do nosso destino. Entretanto, para usar esta mestria sabiamente, precisamos mergulhar profundamente no espírito criativo que vive dentro de todos nós. Devemos nos tornar co-criadores conscientes do nosso futuro, conduzindo-nos com cuidado através dos mares turbulentos à nossa frente. Temos de aprender a administrar nosso futuro com estabilidade interior, flexibilidade e profunda criatividade.

Este livro focaliza a busca deste poço da criatividade e de seu uso para conferir poderes a nós e àqueles que nos cercam. Não se trata apenas de compreender a criatividade; é uma questão de permitir que a criatividade interior inspire nossas vidas, de compreender a nós mesmos e à vida. Pois a criatividade é essencial à vida.

Este livro trata também de nós como administradores — e não apenas daqueles normalmente classificados como administradores. A administração, no seu sentido mais geral, pode ser definida como "otimização de recursos". Neste sentido, todos somos administradores. Todos buscamos otimizar os recursos de que dispomos. Estejamos nós administrando a equipe de uma companhia, uma linha de produção, recursos financeiros, uma fazenda, nossos relacionamentos, nossas vidas ou a nós mesmos, dificilmente existe um momento em que não estejamos administrando, de uma maneira ou de outra.

A administração é parte do ser humano. O homem, ao contrário de outras criaturas, possui mãos (*manus*) com polegares oponíveis. Podemos manusear o mundo no qual vivemos e, através das nossas mãos, nossa criatividade pode tomar forma. Podemos criar utensílios e criar mudanças muito além daquelas produzidas por qualquer outra criatura.

Todavia, junto com este poder extraordinário vem a responsabilidade de utilizá-lo com sabedoria e cuidado. Precisamos permitir que a nossa criatividade flua através de nós e a partir de nós para o mundo, de maneira a canalizá-la para o bem maior.

Capítulo 2

Quem é o Administrador Criativo

A vida está nos levando a abandonar estereótipos estabelecidos e visões anti-quadas. Ela nos está levando a descartar ilusões. O próprio conceito de natureza e critérios de progresso estão mudando. Seria ingenuidade pensar que os problemas que assolam a humanidade hoje podem ser solucionados com meios e métodos já usados ou que pareceram funcionar no passado...

Hoje nos defrontamos com um mundo diferente, para o qual precisamos buscar um caminho diferente rumo ao futuro. Nesta busca precisaremos naturalmente recorrer à experiência acumulada e ter consciência das diferenças fundamentais entre a situação de ontem e a que enfrentamos hoje.

Mikhail Gorbachev (1988)

Tornar-se um administrador mais criativo não é apenas uma questão de praticar novas técnicas e metodologias — embora sem dúvida estas possam ajudar — mas sim de tornar-se mais consciente dos próprios processos interiores. Trata-se de adotar um novo estilo de pensar e perceber. Trata-se de aprender a ver a nós mesmos e aos próprios problemas de uma forma nova.

Como foi sugerido no capítulo anterior, alguns dos problemas mais críticos e fundamentais com os quais se defrontarão os administradores nos próximos anos — sejam eles administradores de um negócio, uma nação ou uma pequena comunidade — serão os provenientes das repercussões globais da civilização contemporânea. Esses problemas em particular não serão solucionados apenas através de técnicas e metodologias. Suas raízes encontram-se em nossa cultura, e reunir a criatividade necessária para resolvê-los exigirá de nós novas formas de pensar sobre nosso mundo e sobre nós mesmos.

As mudanças que nos aguardam são muito reais e não podem ser ignoradas. Muito há que temer e muito a cuidar, se quisermos seguir uma rota segura através desses tempos turbulentos. Contudo, talvez o perigo maior seja não perceber o que está por trás dessas inúmeras ameaças e reagir apenas às questões superficiais.

Podemos traçar um paralelo com uma pessoa cuja saúde esteja ameaçada. Talvez a pele esteja com bolhas, as costas doendo, pode haver indigestão, febre e irritação nos olhos. Com certeza, esses problemas precisam ser tratados, mas um médico cuja única preocupação seja a eliminação de tais sintomas não seria um bom médico. Sabemos que, além de tratar dos problemas superficiais, devemos indagar também o que está por trás dos sintomas. Talvez haja uma infecção virótica, um desequilíbrio dietético, ou possivelmente algum problema emocional mais profundo.

Da mesma maneira, o mundo no qual a humanidade se encontra agora é um mundo cuja saúde está ameaçada. Se não cuidarmos da saúde do nosso planeta e das nossas organizações, não teremos um futuro a alcançar. Contudo, se apenas nos dedicarmos à administração do mundo que nos cerca, não conseguiremos perceber o desafio mais profundo a nos confrontar. Não conseguiremos reconhecer que por trás das crises ambientais, econômicos e sociais com as quais nos defrontamos existe uma crise interior.

Se quisermos administrar o nosso futuro com a sabedoria necessária, precisaremos ter em mente algumas perguntas fundamentais. Em primeiro lugar: o que, em nosso pensamento, nossos valores e nossas atitudes, nos leva a reagir à mudança de forma a originar todos esses problemas? O que em nosso pensamento, nos leva a construir mil vezes a quantidade de armas nucleares necessárias para a aniquilação completa da humanidade? O que, em nossos valores, permite às nações mais ricas acumular montanhas de alimentos, enquanto milhões de pessoas morrem de fome? O que, em nossas atitudes, permite que continuemos a dizimar florestas equatoriais, os pulmões do planeta?

Um marciano, que visitasse o nosso mundo pela primeira vez, poderia muito bem ser desculpado se concluísse que a humanidade é demente. Contudo, enquanto indivíduos, sabemos que nenhum de nós se dispõe a causar danos a nós mesmos ou ao nosso ambiente. Nosso pensamento parece racional, nossos valores aceitáveis e nossas percepções compreensíveis. Entretanto, essas crises exteriores perpetuam-se, sem cessar.

Via de regra, nossa reação natural é procurar a causa fora de nós mesmos e culpar os outros por esta situação. Mas aqueles que culpamos são diferentes de nós? Não se pode dizer que alguém está intrinsecamente errado; todos estamos tentando fazer o nosso mundo funcionar. E todos temos limitações.

Essas limitações raramente são externas. O que nos impede hoje são as nossas próprias limitações. O verdadeiro desafio do presente é interior. Precisamos descobrir o que, em nosso eu, nos permite continuar com um comportamento inadequado.

Já existe uma reação crescente a essa necessidade interior pelo mundo. São os milhões de pessoas comuns que sabem que tem de haver um caminho melhor e estão procurando expressá-lo em suas vidas. Essas pessoas começam a pensar no mundo e em suas vidas de maneira diferente. Não mais aceitam que têm de viver como uma folha lançada no mar da mudança, lutando por manter-se à tona. Estas são as pessoas simbolizadas pelo *Administrador criativo*.

31

O administrador criativo é alguém que está aprendendo a pensar de maneira nova. Ele percebe que a cada momento, existe um potencial de aprendizado. Em vez de culpar o mundo e as outras pessoas por criarem dificuldades, o administrador criativo pergunta: "O que estou aprendendo com isso?" Nem sempre isso é fácil; mas ele reconhece que estar aberto ao aprendizado é fundamental à vida.

Ele reconhece que o momento presente exige uma resposta diferente. Compreende que este momento exige que ele aumente a estabilidade interior, a flexibilidade e a disposição de conviver com a incerteza. Ele tem consciência de que essas atitudes são essenciais para uma compreensão mais profunda do processo criativo.

Essas três habilidades, de pensamento, aprendizado e criatividade são aquilo que John Naisbitt e Patricia Aburdene, em *Reinventing the Corporation* [Reinventando a corporação], denominam de PAC. Para eles o significado de PAC não é o habitual — pressuroso, amoroso, cuidadoso — mas "as iniciais para aprender a *'Pensar'*, *'Aprender'* e *'Criar'*. Esses são fundamentais, as três fases da nova sociedade informacional".

Na sua forma exterior, os administradores criativos podem não parecer muito diferentes de qualquer outra pessoa. Provêm de diferentes formações e níveis de educação. São encontrados em todas as esferas de atividade, no trabalho e em casa, e reconhecidos não pelo que *fazem*, mas pela forma *como* fazem. A diferença é interior; é uma diferença de atitude.

O administrador criativo ao longo dos tempos

O administrador criativo não é um fenômeno novo. Ao longo da história, houve homens e mulheres que, em resposta às dificuldades de seu tempo, se dispuseram a dar um passo atrás e desafiaram formas antigas de ver e pensar. Houve pessoas com a visão de um mundo novo e melhor que se dedicaram a tornar essa visão uma realidade.

A Revolução Industrial foi realizada por administradores criativos. Os cientistas e engenheiros pioneiros das novas tecnologias da época — James Watt, Josiah Wedgwood, Matthew Boulton, Erasmus Darwin, Joseph Priestley, William Withering e outros — perceberam o potencial ao seu alcance. Tinham eles a visão de um novo mundo; um mundo no qual a máquina a vapor substituiu os músculos humanos, as fábricas foram libertadas de sua dependência da força hidráulica, vasos de cerâmica transformaram o saneamento público, o transporte foi revolucionado pelas auto-estradas e canais, o telégrafo mecânico intensificou dramaticamente a comunicação, e as pessoas puderam ser libertadas do árduo trabalho na terra, dezoito horas diárias.

32

Habilitados por sua visão de como, em poucas décadas apenas, a qualidade da vida podia ser significativamente melhorada, esses homens decidiram reunir suas energias e ajudar uns aos outros a transformar sua visão em realidade. Fundaram a agora quase lendária Sociedade Lunar de Birmingham. Encontravam-se uma vez ao mês e correspondiam-se regularmente, buscando soluções para os problemas sociais, políticos, econômicos, científicos e tecnológicos de uma comunidade em industrialização. A Revolução Industrial não foi acidental; ela foi conscientemente criada e dirigida. Essas pessoas sabiam como manejar a própria criatividade inata e como possibilitar a realização uns dos outros.

Ao mesmo tempo, outros administradores criativos ocupavam-se com a formação de uma nova nação. Da mesma maneira, os fundadores dos Estados Unidos da América — James Madison, governador Morris, Alexander Hamilton, Benjamin Franklin (também membro visitante da Sociedade Lunar), George Washington, James Wilson — tinham a visão de um novo mundo. Desejavam libertar-se do pensamento político antiquado da Europa e ter um governo que servisse às pessoas e não o contrário.

Estudando todos os sistemas políticos da história e recorrendo às idéias da "liderança de vanguarda", correntes de figuras como Thomas Paine e Thomas Jefferson, produziram juntos um dos documentos de administração global mais criativos que já foram escritos — a Constituição Americana. Desta forma, criaram um novo sistema político que estabeleceu o cenário para dois séculos de crescimento e liberdade.

Sob muitos aspectos essa "nova" América simbolizou o nascimento do pensamento futuro. Os Pais Fundadores (*Founding Fathers*) acreditavam que o amanhã poderia ser melhor que o ontem. Isso constituiu uma ruptura significativa com a antiga forma de pensar, porquanto as monarquias européias, vinculadas por laços sangüíneos ao passado, consideravam o mundo de ontem como a época de ouro.

De volta à Europa, cem anos antes, a "revolução científica" fora proclamada por outro grupo de visionários. Doutores e filósofos como Robert Boyle, *Sir* Robert Murray, John Wallis e John Wilkins — cujos interesses incluíam as "ciências" emergentes como a física, a medicina, a matemática e a astronomia — encontravam-se regularmente em Londres, a fim de partilhar idéias e oferecer auxílio mútuo em suas pesquisas. Antevendo as implicações desta "nova filosofia experimental", formaram o que foi chamado de "Colégio Invisível". Em pouco tempo, deste nasceu a Real Sociedade de Londres para Aperfeiçoar Conhecimentos — mais conhecida simplesmente como Real Sociedade — a qual, durante três séculos, desempenhou o papel de uma das instituições científicas mais prestigiosas do mundo ocidental.

Embora nem todos os nomes tenham se tornado tão conhecidos quanto os acima citados, administradores criativos trabalharam em todas as culturas ao longo da história. As questões às quais responderam e os problemas com que se defrontaram podem ter sido diferentes, mas esses indivíduos sabiam que poderiam transformar o mundo em um lugar melhor para viver. Reconheceram que seu tempo exigia novas formas de pensar e ver, e utilizaram as janelas da oportunidade abertas a eles para manifestarem suas idéias.

O administrador criativo hoje

Hoje nos defrontamos com novos desafios. Nossa velocidade de mudança sempre maior acarreta pressões inéditas para pessoas, organizações e o ambiente. Nunca antes tivemos de lidar com problemas de tamanha complexidade e em escala global — problemas que ameaçam o futuro da nossa espécie.

Mais uma vez somos solicitados a retroceder um passo e a analisar a nossa situação com olhos novos. E mais uma vez surge uma visão nova; um mundo curado da sua insanidade. Em todas as culturas há pessoas que procuram contribuir para a criação de um mundo melhor. Elas expressam os valores emergentes dos nossos tempos, e não os valores pelos quais viveram no passado.

Enquanto na época da Sociedade Lunar o desafio consistia em desenvolver e disseminar a "liberdade" inerente à nova organização e, na época dos *Founding Fathers*, em construir uma nova terra de liberdade política e espiritual, hoje o desafio está em administrar o poder aterrador das nossas próprias novas tecnologias.

A forma pela qual se utiliza este potencial — em benefício da humanidade como um todo ou não —, é em grande medida, controlada por governos e empresas comerciais. E dentre eles provavelmente, as empresas detêm a maior influência mundial. O impacto de corporações como IBM, Sony, BASF, Ford, Coca Cola, Nestlé, Boeing, Levi Strauss, BBC, Heineken, Nikon, McDonald's, Shell, Mitsubishi, Unilever, Saatchi & Saatchi, Price Waterhouse, Siemens, Johnson & Johnson, Avis e Disney pode ser vista e sentida em praticamente todos os cantos do globo. Embora alguns considerem este poder e influência como um grande perigo, eles também nos oferecem oportunidades inimagináveis. Marjorie Kelly, editora e redatora de *Business Ethics*, sugere que os negócios podem ser a última e melhor esperança para o planeta Terra:

Se os negócios têm o poder de destruir a Terra, não poderiam ter igualmente o poder de curá-la? Se os negócios têm a capacidade de arruinar vidas humanas, não poderiam ter igualmente a capacidade de salvá-las? A resposta pode ser sim. Em muitos setores — dentro e fora da corporação, entre acadêmicos, ativistas e novos pensadores — surgem sinais de que um novo paradigma favorável à vida vem surgindo para os negócios. Assim como a física vem modificando paradigmas do mundo físico, da matéria para a energia, e a medicina vem modificando paradigmas da saúde, passando do tratamento para a prevenção, da mesma maneira está havendo uma mudança nos negócios... O novo paradigma trata, em resumo, da criação de um mundo melhor — e da utilização dos negócios como um instrumento.

Não, a época de ouro não chegou. Mas existem sinais de que o nosso modo de pensar os negócios — e o modo como os negócios pensam a si mesmos — está começando a mudar.

Poder para as pessoas

Não devemos esquecer que as organizações são e sempre foram compostas de pessoas. As pessoas é que fazem os julgamentos e tomam decisões que determinam a direção e as ações de uma organização. Temos de olhar para as crenças, atitudes e valores por trás dos julgamentos e decisões.

A maior parte das organizações corporativas evoluiu em resposta a interesses comerciais, e seus funcionários em grande medida tomavam decisões segundo o contexto de tais interesses. Que produtos têm potencial de mercado mais acentuado? Qual proporcionará o melhor lucro para o investimento? Qual é a longo prazo o interesse do negócio? Num primeiro momento, tais critérios eram financeiros. Não consideravam o ambiente mais amplo, para além do campo imediato de operação da organização nem os interesses dos seus acionistas.

Em nossos dias, entretanto, os valores e critérios que determinam a direção corporativa começam a mudar. As pessoas começam a reconhecer que as decisões não podem mais ser tomadas sem levar em conta suas implicações maiores. Existem necessidades pessoais além de dinheiro e segurança, que as pessoas querem que sejam levadas em consideração, para que se sintam satisfeitas com seu trabalho. Existem questões sociais que devem ser consideradas; um número crescente de pessoas não se dispõe a trabalhar em empregos que causem dificuldades ou sofrimento a outras pessoas. Está se tornando claro que, se as pessoas não levarem em conta as conseqüências ambientais a longo prazo de suas decisões, talvez não haja mercado, empresas comerciais e nem trabalho dentro de uma ou duas décadas.

Ao mesmo tempo, o poder nestas organizações tem sido melhor distribuído. Enquanto no passado umas poucas pessoas se encarregavam da maior parte das decisões, a complexidade das organizações contemporâneas faz com que um número cada vez maior de pessoas esteja envolvido na tomada de decisões. O desejo das pessoas de serem ouvidas, reconhecidas e incluídas tem feito com que os estilos de administração se tornem mais abertos. Além disso, as estruturas das organizações estão mudando; hierarquias se tornam mais niveladas e flexíveis, dando lugar amiúde a estruturas em rede e interligadas. O efeito em rede significa que um número cada vez maior de pessoas tem obtido o direito de opinar na direção e atividades das organizações com as quais estão envolvidas.

Assim, os novos valores expressos em nível individual vêm encontrando maiores oportunidades de expressão dentro das organizações. E o impacto de longo alcance das organizações sobre o mundo aumenta a oportunidade de esses valores em desenvolvimento encontrarem expressão em nível global.

Enquanto os administradores criativos do passado eram aqueles afortunados o suficiente para estar na posição e nas circunstâncias que lhes permitiam manifestar sua visão pessoal, as organizações de hoje estão oferecendo um potencial de influência semelhante a muitas pessoas que nelas trabalham. Elas estão se tornando o veículo através do qual as pessoas expressam seus valores e idéias.

Revendo o papel da organização

A ecologia é uma área na qual os valores pessoais em transformação começam a causar impacto significativo nos planos de ação corporativos. O desastre ambiental obviamente não se encontra nos interesses a longo prazo de nenhuma companhia; contudo, esta ameaça encontra-se tão distante das considerações da política de mercado, dos orçamentos anuais e da estratégia corporativa que nunca ou raramente faz parte das considerações da diretoria. Entretanto, apesar desta não ser uma questão colocada na mesa, ela aparece com freqüência no pensamento das pessoas — desde a sala da diretoria até o andar comercial. Poucos de nós percebem os perigos com os quais nos defrontamos sem preocuparmo-nos com eles.

A indústria química particularmente é assediada por este conflito entre o plano de ação da companhia e as preocupações pessoais de seus funcionários. Por sua própria natureza ela se choca frontalmente com o meio ambiente. Pode haver problemas com os efluentes que produz; ou perigos associados à produção. Além disso, muitos produtos químicos são difíceis de transportar, e os próprios produtos costumam exigir cuidadoso manuseio. Alguns são perigosos para sistemas vivos ou não se degradam facilmente, uma vez concluído o trabalho.

O que acontece quando funcionários de uma companhia de produtos químicos sentem, como ocorre com muitos deles, uma responsabilidade para com o meio ambiente? As necessidades de sobrevivência financeira da companhia podem exigir que as pessoas atuem de maneiras nem sempre mais benéficas para o ambiente como um todo, enquanto ao mesmo tempo as pessoas podem ter a necessidade de ver seus valores íntimos refletidos em sua vida profissional. Seria possível argumentar que pessoas nesta situação deveriam abandonar o seu atual emprego e encontrar outro em indústria mais compatível. Entretanto, para a maioria esta opção nada tem de viável; as necessidades pessoais e familiares não lhes permite ter a flexibilidade para novo treinamento; provavelmente, se veriam às voltas com uma inaceitável redução de salário e na maioria dos casos a mudança acarretaria grave ruptura na vida familiar.

Um grupo químico internacional com o qual trabalhamos defrontou-se com este conflito. Vários empregados, incluindo alguns diretores, defendiam a posição de que a companhia deveria adotar uma política de "química favorável ao meio ambiente". Queriam que a companhia produzisse apenas produtos para sistemas baseados em água — inócuos ao meio ambiente, ao usuário, ao público e ao empregado — e que esses produtos fossem fabricados por métodos igualmente seguros. Acreditavam eles que a companhia devia estabelecer a meta de se tornar, no prazo de cinco anos, uma das empresas de produtos químicos mais limpas do mundo. Outros membros da companhia, incluindo o diretor financeiro, consideravam tais objetivos no mínimo impraticáveis. Argumentaram que tentar tal mudança, dado o atual estado da indústria como um todo, seria suicídio financeiro, e, por conseguinte, da empresa.

A situação chegou a um ponto crítico na reunião anual de definição de estratégias. De ambos os lados, os ânimos estavam exaltados, e as posições tornavam-se cada vez mais arraigadas. Em vez de tentar resolver a polarização através de argumentação e debate, nós convidamos a todos a explorar juntos suas percepções diferentes da questão, incluindo as vantagens e desvantagens de cada proposta. Com isso ambos os lados puderam dar um passo atrás em suas posições, sem julgar que estavam cedendo, e ouvir as considerações do outro.

Após um dia de intensa atividade, chegou-se a um denominador comum. Todos os presentes, do presidente aos líderes sindicais, concordaram que, no nível pessoal, não estavam totalmente felizes em trabalhar numa indústria que produzia efeitos colaterais ambientais negativos. O conflito assumia assim um contexto ainda mais amplo a ser explorado, sem levar as pessoas a uma polarização. Os "pragmatistas" foram capazes de reconhecer os valores e as necessidades do indivíduo. E os "verdes", sentindo-se ouvidos, conseguiram por sua vez, ouvir as preocupações muito reais dos pragmatistas. O conflito entre as necessidades individuais e as necessidades da companhia tornou-se um conflito que todos podiam compartilhar.

Em questão de horas chegou-se a um acordo quanto a uma estratégia exeqüível. Como resultado, em um ano as fábricas fizeram significativas reduções nas emissões — além daquelas provavelmente exigidas por lei. Novas pesquisas sobre produtos mais aceitáveis vêm sendo feitas. Os padrões de segurança internacional têm sido significativamente aperfeiçoados. E, talvez o mais importante no que se refere ao alinhamento a longo prazo dos objetivos corporativos e individuais, estabeleceu-se um programa educativo ambiental em toda a companhia. Embora a participação seja voluntária e fora do expediente normal, ao longo de um período de três meses, 60% do total da força de trabalho vem participando desse programa.

Do crescimento ao desenvolvimento sustentável

Não são apenas as indústrias mais "poluentes" que começam a incluir questões ambientais e globais em suas estratégias de longo prazo. Um dos maiores fabricantes de computadores deu recentemente passos significativos nesta direção, analisando suas responsabilidades para com o resto do mundo. Está sendo reconhecido que este negócio "opera tão-somente com uma licença da sociedade", e que, além das suas obrigações para com os depositários do dinheiro investido ela detém a responsabilidade real para com a comunidade como um todo, incluindo a proteção do meio ambiente em nível local, nacional e global. Esta nova maneira de pensar provém não apenas de uma necessidade corporativa, mas reflete também o pensamento de pessoas da própria organização. Como disse o diretor-geral na proclamação de uma grande iniciativa de apoio ao Programa Ambiental das Nações Unidas:

> Como pai, tenho refletido sobre o mundo que meu filho adolescente poderá encontrar quando tiver a minha idade... Será o mundo melhor e mais rico, prometido por muitos estadistas e industriais, quando propalam as aquisições do homem na tecnologia, no espaço ou na medicina?
>
> Ou será um mundo infinitamente mais pobre: mais pobre em termos de poluição, de alfabetização, de desorganização urbana, um mundo de continuada pobreza?
>
> Será um mundo onde a paz poderá prevalecer quando as exigências de uma população explosiva exceder os escassos recursos de água, alimento e habitação causados pela elevação dos níveis do mar?
>
> Será um mundo onde nos veremos forçados a abrigar-nos de um sol letal, sem a proteção da camada de ozônio? Será um mundo cujo sistema econômico estará em caos total, devido a mudanças climáticas?

Perguntas como essas foram consideradas alarmistas nas décadas de 60 e 70. Tornaram-se realistas na de 80. E certamente terão de ser a inspiração da de 90.

Olhando para o futuro, um número crescente de empresas também começa a perceber que a noção de "crescimento", combustível das corporações ao longo de anos, encontra-se agora perigosamente obsoleta. Essa noção limita nossa análise das dimensões físicas do sistema econômico, isto é, um aumento do rendimento econômico. Entretanto, como o Clube de Roma deixou claro há vinte anos, esse crescimento tem limites. O crescimento é sempre limitado pelo meio ambiente, pela quantidade disponível de recursos e pela sua capacidade de assimilar o desgaste. Como resultado, todo crescimento natural tende a decrescer.

Hoje precisamos substituir a noção de "crescimento" pela de "desenvolvimento sustentável" — sendo o desenvolvimento definido como "um padrão de transformações econômicas social e estrutural; a melhoria *qualitativa* e contínua em um sistema econômico quantitativamente sem crescimento". Isso é o que todos fazemos como indivíduos. Nosso crescimento físico pára (em geral, antes de 2 metros), mas nosso desenvolvimento como pessoa não; a grande maioria de nós continua a melhorar em termos qualitativos — crescemos interiormente. Algumas corporações começam a reconhecer que a mesma transição precisa acontecer agora com a humanidade como um todo. Para os administradores criados com o ídolo do crescimento, essa idéia afigura-se intragável. Contudo, esse é o único caminho.

Responsabilidade social

No passado, os negócios e a comunidade local freqüentemente entravam em conflito. Ainda persiste a idéia de que a companhia é o explorador da força de trabalho local, enquanto aquelas acreditam que a comunidade ameaça seu próprio crescimento. Todavia, em nossos dias cada vez mais as companhias são convocadas — aliás, e eventualmente poderiam até ser obrigadas legalmente — a representar um papel maior no bem-estar e no desenvolvimento da comunidade local. Isso poderá significar o apoio a iniciativas comunitárias com dinheiro, tempo e pessoal.

A maior parte das grandes empresas comerciais dedica uma parcela do seu capital a causas caridosas, outras vão muito além. Algumas reviveram a antiga idéia de dízimo, revertendo parte dos seus lucros para o benefício da comunidade. Tradicionalmente, esta parte era de um décimo — significado da palavra "dízimo" —, embora possa ir de uma fração de 1% até 20% dos lucros. Uma indústria de doces norte-americana, por exemplo, doa mais de 10% dos seus lucros a hospitais, escolas locais e outros

39

serviços comunitários, estendendo o auxílio a desabrigados e a vítimas da AIDS.

Anita Roddick, fundadora da bem-sucedida cadeia internacional *The Body Shop*, considera o apoio mais amplo à comunidade como o elemento crucial do sucesso de sua empresa.

Descobrimos que nossos clientes acreditam no que dizemos, e que esta é uma grande responsabilidade. Você assume esta responsabilidade mais do que qualquer outra coisa. E o que faz com ela é dizer: "Como posso promover mudanças para melhor?" É o que tentamos fazer, voltando nossa atenção para fatos como a crueldade contra os animais... e a agressão ao meio ambiente.

Não digo que encontramos a resposta. Cada vez que acreditamos ter alcançado a perfeição, as metas mudam. É a busca de uma maneira melhor que confere à nossa empresa uma moral mais forte, um propósito melhor.

Aqueles que consideram as empresas comerciais como simples entidades financeiras que buscam a autopreservação, maximizando o lucro às custas das outras pessoas, ao ouvir falar pela primeira vez de iniciativas como essas, via de regra "surpreendem-se que uma empresa como... possa fazer uma coisa assim". Mas devemos lembrar duas coisas.

Primeiro, não é a entidade abstrata da "empresa" que instigou essas mudanças. As mudanças tiveram início graças a indivíduos que desejavam ver expressos seus valores dentro da companhia. Na maioria dos casos, essas pessoas tiveram de trabalhar arduamente para convencer as demais de que suas propostas de fato refletiam os interesses da empresa a longo prazo. Só então a organização apoiava a iniciativa. Como observou o administrador encarregado do programa de desenvolvimento sistemático em uma grande multinacional: "Sim, esses programas sem dúvida são bons para nossas relações públicas, *e* também estão de acordo com as necessidades do mundo e com minhas necessidades enquanto indivíduo."

Em segundo lugar, devemos lembrar que não é "surpreendente" o fato de que essas mudanças estejam ocorrendo através de organizações, mas sim como um sinal dos tempos.

As pessoas são o mais importante

Uma vez que um número crescente de pessoas começa a expressar suas inquietações humanas, sociais e ambientais, muitos administradores precisam lutar para suportar esta situação. Nas palavras de Tom Peters: "Os negócios não são uma abstração. São seres humanos de carne e osso tentando compreender o que faz alguém feliz. Não ensinamos o valor disso em nossas escolas de comércio."

A situação exige a compreensão bem mais profunda das pessoas com as quais trabalhamos, sejam elas subordinados, colegas ou patrões. Há vinte anos as pessoas ainda eram consideradas um ingrediente na produção e um custo. Talvez verbalmente se afirmasse que "as pessoas são o mais importante"; mas tais protestos eram apenas verbais. Muito poucos administradores fizeram algo a respeito. Sempre havia muitas outras coisas importantes a realizar; e, o que é mais significativo, sempre havia tarefas mais fáceis do que lidar com o ser humano. Contudo, no ambiente de trabalho de hoje, torna-se cada vez mais importante compreender o lado humano da equação — em profundidade jamais imaginada no passado.

Esta mudança de atitude é bem explicada por Francis Kinsman em seu livro *The New Agenda*. Em 1983, ele visitou trinta diretores de grandes empresas e analistas de administração britânicos; entre as questões levantadas havia a seguinte pergunta: "Em sua opinião, quais serão as questões sociais mais importantes para a administração britânica na década de 90?" Garantiu-se a cada um deles que os comentários jamais lhes seriam atribuídos pessoalmente, o que lhes permitia dizer o que pensavam sem medo do julgamento de colegas, de assistentes ou do público em geral.

No que se referia ao desenvolvimento e treinamento administrativo, duas questões predominaram. Um delas, como já era de se esperar, dizia respeito à necessidade de perícia na tecnologia de informação. A outra relacionava-se com a habilidade com as pessoas. Além disso, as habilidades com as pessoas foram consideradas mais importantes, a longo prazo, do que as habilidades na informação. Como disse um capitão da indústria:

> Nos velhos bons e maus tempos, as pessoas falavam de maximização dos lucros; então atenuaram a expressão e passaram a usar otimização dos lucros... Agora você não consegue falar impunemente de lucro fora do contexto de cada dimensão do fator humano... As organizações precisam ter um amálgama maior de talento no topo — e cada vez mais isso significará pessoas que compreendem pessoas em todos os seus aspectos.

Ou, como disse outro:

> É preciso haver algum tipo de processo educativo que traga a arte de viver para a administração no dia-a-dia. Sempre existiu uma diferença total entre o modo como os indivíduos se relacionam com os colegas de trabalho e o modo como se relacionam com amigos e familiares. Nesta última área, amabilidade, tolerância, etc., não são considerados tão sentimentais e tolos, mas ingredientes que fazem um relacionamento funcionar. Pode-se estabelecer um paralelo com os negócios hoje? A diferença entre os dois grupos de atitudes começa a estreitar-se e esta pode ser a resposta para os problemas de amanhã.

Ao mesmo tempo, as pessoas em posições inferiores nas organizações não mais aceitam ser tratadas como um monte de carne com tempo para vender. Elas exigem ser tratadas como seres humanos com necessidades humanas semelhante às de seus patrões. Isso está levando a novas estruturas corporativas, menor controle autoritário, crescente descentralização e maior delegação de responsabilidade. O administrador divisional de uma empresa de porte médio explicou esta questão com as seguintes palavras:

> Nossas hierarquias não eram questionadas no passado, mas agora os tempos mudaram. As pessoas são mais instruídas e começam a dizer: minhas necessidades também são importantes. Isso vem modificando fundamentalmente nossa companhia. A estrutura organizacional é mais humana, e o departamento de recursos humanos tornou-se um dos sistemas de apoio mais importantes da organização.

Em nosso próprio trabalho com líderes corporativos na Europa, América do Norte, Escandinávia, África Ocidental e Índia, conhecemos muitos que desejam apaixonadamente ver o crescimento do seu pessoal, bem como seus lucros. Essas pessoas sabem que a empresa não conseguirá administrar o futuro com sucesso sem a liberação de recursos humanos insuspeitados, sem a compreensão e resolução de conflitos pessoais e sem que as pessoas tenham permissão para fazer uma contribuição real. Esses líderes têm a visão clara, mas via de regra não sabem exatamente como torná-la realidade. Percebem que sua experiência e aprendizado anteriores não os capacita para lidar adequadamente com esses novos desafios.

Eis como o diretor do instituto de administração de um banco escandinavo solucionou esta dificuldade:

> Sabemos que precisamos qualificar nossos líderes para o futuro, mas apesar de ter isso claro e de termos iniciado um programa de desenvolvimento visando esta meta, existe toda uma nova dimensão de trabalho com pessoas que ainda não compreendemos. Quando pudermos fazê-lo, então estaremos ajudando as pessoas a se conhecerem e também a aprender como administrar.

Assim, uma das principais tarefas dos líderes do futuro consiste em criar uma cultura que habilitará as pessoas a aprenderem a reconhecer e aceitar as diferenças individuais e a facilitar o desenvolvimento de relações criativas dentro das suas organizacões.

Via de regra, a concessão de poderes é vista como algo que se pode fazer por outra pessoa. Veremos, em capítulo subseqüente, que não é assim. As pessoas recebem poderes de um ambiente que lhes dá a liberdade de expressar-se da melhor maneira possível. A liderança do futuro consistirá em criar esse ambiente, possibilitando que outras pessoas se tornem administradores criativos por seus próprios méritos.

O administrador criativo valoriza pessoas cujo modo de pensar é contrário ao seu. Ele sabe que cada pessoa traz diferentes conhecimentos, experiências, aptidões, atitudes, percepções e habilidades para uma tarefa; e que as melhores soluções provêm da interação dos nossos conhecimentos individuais.

Sabemos que precisamos de outras pessoas, sabemos que precisamos aprender a nos relacionar melhor; no entanto, muitos de nós consideram esta uma das tarefas mais difíceis de toda a vida. A maioria, particularmente os homens, luta com questões acerca da intimidade. Aprendemos a nos relacionar com pessoas sobretudo em nível externo, e amiúde ocultamos as dimensões internas de nossas vidas. Precisamos ouvir melhor as outras pessoas e também aprender a nos ouvir — a ouvir o que realmente estamos tentando dizer, a comunicar nossas esperanças e ansiedades. Quanto mais partilhamos nosso mundo interior e nossa natureza sensível mais profunda, tanto mais facilitamos nosso trabalho em conjunto e a aquisição de poderes.

A ilusão da mudança administrativa

Organizações em todo o mundo começam a perceber que um fator-chave na resposta à mudança é o desenvolvimento de pessoas e de sua criatividade. Muitos administradores cuja formação levou-os a considerar as organizações como máquinas começam a perceber que esta visão está obsoleta e que as organizações precisam ser consideradas como sistemas vivos. A mudança administrativa nestes sistemas vivos exige uma abordagem radicalmente diferente da administração de uma máquina.

Na tentativa de reagir à mudança, tendemos a enfocar a administração em suas formas externas. Assim, defrontamo-nos com novos problemas e procuramos novas técnicas de resolução de problemas. À medida que as complexidades que enfrentamos aumentam, expandimos nossos recursos em informática. Se sentimos as pressões do tempo aumentando, adotamos programas de administração do tempo. Para controlar e manejar a mudança, freqüentamos cursos que nos ensinam a planejar melhor, a ser mais eficientes e a nos comunicar melhor. Não que essas "aptidões externas" não sejam úteis; ao contrário, elas são fundamentais. Contudo, se o contexto em que são utilizadas não mudar, elas funcionarão apenas parcialmente.

Reagimos como se a mudança estivesse apenas "fora" e como se toda a nossa atenção devesse concentrar-se fora. Fazemos isso porque sabemos administrar muito melhor o mundo externo. Somos como o sábio-tolo Nasrudin na seguinte história sufi:

Um vizinho encontrou Nasrudin de joelhos procurando alguma coisa.
"O que você perdeu?"
"Minha chave", disse Nasrudin.
O outro homem ajoelhou-se e pôs-se a procurar com ele.
Passados alguns minutos, ele perguntou:
"Onde a deixou cair?"
"Em casa."
"Então por que, em nome de Deus, está procurando a chave aqui?"
"Porque aqui tem mais luz."

Esta é muito mais do que simplesmente uma história engraçada. Ela contém muito da verdade humana. A solução de muitos problemas contemporâneos encontra-se dentro de nós, "em casa". Esquecemos isso e, em vez de buscar dentro, o que para muitos de nós constitui território sombrio e desconhecido, procuramos a resposta onde "tem mais luz", no mundo mais fácil de manipular que nos cerca.

Da mesma maneira, procuramos administrar a mudança vendo onde ela é mais fácil. Contudo, se quisermos encontrar as respostas para os problemas com os quais nos defrontamos hoje, teremos de olhar também para a área de onde eles provêm — nosso pensamento, nossas atitudes e nossas percepções. Enquanto mantivermos a ilusão de que podemos administrar a mudança administrando o mundo que nos cerca, os sintomas de incapacidade permanecerão. As pessoas continuarão a sentir-se esmagadas e impotentes, e a resistência à mudança perdurará.

Quando novos desenvolvimentos parecem ameaçar o nosso modo já estabelecido de viver, podemos nos tornar especialistas em resistir a eles. É como se tivéssemos um programa embutido, destinado a manter o *status quo*. Não que resistamos à mudança pela mudança; resistimos quando ela parece ameaçar algumas das nossas necessidades interiores mais profundas, tais como as de segurança ou controle. Por este motivo tememos e resistimos à mudança. Até compreendermos que as pessoas estão reagindo a uma ameaça interior bastante legítima e não estão sendo irredutíveis, continuaremos a ser incapazes de administrar sua resistência à mudança.

Por este motivo apenas falar a respeito da necessidade de mudança e estabelecer programas de mudança não é suficiente para criar a mudança fundamental. Por mais bem-intencionados que possam ser os planos de ação, provavelmente encontrarão considerável resistência, ou mesmo o fracasso, se não levarem em consideração as necessidades interiores fundamentais do indivíduo.

Os bloqueios básicos à mudança pessoal, por conseguinte, encontram-se dentro e não fora de nós. Para implementar a mudança efetiva, precisamos primeiro compreender o ser humano em maior profundidade. Temos de aprender a ouvir o que é realmente importante para as outras pessoas, e suas motivações mais profundas. Com isso, as pessoas sentir-se-ão mais livres e dispostas a mudar. Assim, nosso propósito deve ser ajudar o indivíduo a libertar-se do medo. Esta liberdade interior é a fonte da verdadeira flexibilidade e criatividade.

O caminho do administrador criativo

Ao longo da história, o administrador criativo vem percebendo a necessidade de um novo caminho. Hoje o novo caminho é um caminho interior. Além disso, por ser um caminho pessoal, é um caminho aberto a milhões de pessoas.

A marca do administrador criativo não é uma forma diferente de agir, mas uma forma diferente de ser. Ele percebe que, para administrar o mundo que o cerca, ele terá também de administrar o mundo interior. Ele precisa aprender a administrar seus processos interiores.

Este caminho consiste em compreender melhor nossos próprios mundos interiores. Trata-se de tornar mais claras nossas motivações e saber como satisfazê-las. Trata-se de reconhecer quando estamos furiosos e encontrar formas construtivas de expressar esta raiva. Trata-se de aprender a ouvir as outras pessoas e a nós mesmos. Trata-se de perceber quando estamos aprisionados em velhas formas de ver as coisas, e aprender a pensar de maneira nova. Trata-se de entender o processo criativo e saber como liberá-lo em nossas vidas. Trata-se de uma nova atitude diante da vida.

Como este caminho é novo para a nossa cultura, muitas vezes ele é compreendido de forma errada. Às vezes é descartado como fuga do mundo, como recusa em enfrentar as questões práticas. Na realidade, ele chega ao âmago da questão — um arqueiro jamais seria criticado por retesar a flecha no arco.

Mesmo quando seu valor é diferente, ele pode ser rejeitado como sendo demasiado difícil. Seguir este caminho certamente nada tem de fácil. Não porque o caminho em si seja difícil, mas porque é novo. Trilhá-lo significa defender a verdade e desafiar antigas percepções e crenças. Isso exige cautela, perseverança e, acima de tudo, coragem.

Ao iniciar este caminho, podemos nos sentir desencorajados logo de início, e desistir ao perceber que estamos atirando no escuro. Por ser este um novo caminho, ainda não dispomos das muitas aptidões interiores de que temos necessidade. Precisamos buscá-las, em vez de continuar procurando apenas onde há luz.

Esta adição de caminhos interiores a nossos caminhos externos pode ser considerada um casamento de valores masculinos e femininos. Para a ação trazemos a permissão. Ao fazer acrescentamos o ser. À mente alerta juntamos um coração sensível. Ao nosso conhecimento acrescentamos o mistério do desconhecido. Ao desejo de ordem juntamos a aceitação da incerteza. À tecnologia acrescentamos pessoas. E aos vôos das nossas idéias juntamos o solo da Terra.

Nosso condicionamento cultural nos predispõe a deixar de lado os valores femininos. A sociedade industrial e suas organizações têm sido dominadas por homens e valores masculinos. Este é um dos motivos pelo qual o movimento das mulheres tem sido importante para a humanidade. Ele forçou-nos a considerar esta questão, e, desta forma, fez-nos confrontar o desequilíbrio em nossas sociedades e em nossas vidas pessoais. Talvez seu valor mais duradouro venha a ser evocar em cada um de nós os valores femininos.

E, mais importante, o feminino em nós tem consciência de que encorajar a criatividade não é apenas uma questão de técnicas e habilidades. Não que essas técnicas não sejam úteis; pelo contrário, elas são muitíssimo valiosas. Entretanto, como muitos de nós sabem, mesmo quando utilizamos essas técnicas de criatividade, continua a faltar algo. Permanece um mistério latente acerca do processo. O que acontece, contudo, está além do nosso controle e da nossa consciência. É como se tivesse vida própria, a qual está sempre além da nossa compreensão. As técnicas podem levar-nos às portas deste mistério; contudo, para entrar mais plenamente no processo criativo, é necessário um novo nível de autocompreensão. Precisamos aprender a confiar nesta dimensão interna oculta e a engajar-nos nela.

O resto deste livro aborda o começo da compreensão de como adentrar esse misterioso processo, percebendo de que maneira ele afeta cada aspecto das nossas vidas e aprendendo a utilizá-lo. Em essência, trata-se do aprofundamento da nossa compreensão de quem somos realmente, e de como vivemos. Pois o caminho do processo criativo é o caminho da vida.

Capítulo 3

O Processo Criativo

O conceito de criatividade e o conceito da pessoa humana, plena, saudável e realizadora parecem cada vez mais próximos, e talvez acabem por tornar-se a mesma coisa.

Abraham Maslow (1976)

Existe uma tendência para pensar na criatividade como esfera para uns poucos escolhidos, pessoas possuidoras de lampejos de genialidade, que deixam sua marca duradoura na humanidade. Nos pensamentos de Sócrates, de Platão, de Aristóteles, de Buda, de Santo Tomás de Aquino e de Descartes, de Russell, de Wittgenstein e de Bateson; na arte de Da Vinci, de Michelangelo, de Van Gogh, de Renoir, de Picasso e de Hockney; na poesia de Shakespeare, de Milton e de Keats; na música de Bach, de Beethoven, de Mozart, de Tchaikovsky e de Stockhausen; nas teorias de Pitágoras, de Newton, de Copérnico, de Maxwell, de Einstein e de Hawking; nas invenções de Arquimedes, de Gutenberg, de Watt, de Babbage, de Edison, de Daimler e de Buckminster Fuller; e em mil outros nomes célebres cultuamos nossos "deuses da criatividade".

Contudo, destacando essas pessoas como criativas, sugerimos que nós, que não deixamos essas marcas na história, não somos criativos; ou, se somos criativos, o somos apenas ocasional e reduzidamente. Na verdade, embora possamos não ser como Da Vinci ou Einstein, todos somos criativos — o tempo todo. Só que alguns de nós utilizamos nossa criatividade de formas que deixam uma marca visível e outros não.

"Criar" significa "dar existência". A esse respeito, cada frase que pronunciamos é um ato de criação, a escolha de dar forma a um pensamento, de maneira a ser comunicado. Não importa se mil pessoas possam ter usado as mesmas palavras, ou palavras semelhantes, em outras épocas; nosso ato de criação é igualmente real. Ao ler essas palavras você está exercitando a criatividade; você faz com que imagens e idéias criem existência na sua mente. Você expressa criatividade em toda decisão que toma; seja na solução de um conflito, na organização de uma apresentação ou no preparo de uma refeição. O que quer que façamos, estamos promovendo uma mudança no mundo, propiciando a existência de novas formas. Todo pensamento e toda ação por nós realizados são uma expressão de criatividade. Estar vivo é criar.

47

Como valorizar a nossa criatividade

A grande maioria de nós, via de regra, não considera criativos todas as nossas idéias e atos. Sentimos que a "verdadeira" criatividade tem de produzir idéias e formas inesperadas, "novas" no sentido de que ninguém mais as criou, e tem de causar um impacto duradouro no mundo. Mas uma pessoa que imaginasse a teoria da relatividade, sem qualquer conhecimento da obra de Einstein, seria menos criativa do que ele? O próprio Einstein seria menos criativo se ninguém o tivesse levado a sério? Sem dúvida, algumas das nossas expressões criativas são "novas" para o mundo, e poucos são os que podem deixar uma marca duradoura, mas, em termos dos processos interiores da mente, elas não são mais "criativas" do que qualquer outra das nossas criações.

Se julgarmos a criatividade apenas segundo seus atributos exteriores — sua originalidade e impacto — estaremos prestando um desserviço a nós mesmos. Não percebemos que em sua essência a criatividade é um processo interior que acontece sem cessar dentro de todos nós.

Quando nos deixamos aprisionar pela convicção de que não somos muito criativos, estamos sujeitos a adotar uma atitude que confirme essa crença. Provavelmente, não conseguiremos ver e apreciar a nossa própria criatividade, bloqueando inconscientemente o seu fluxo natural e provando a nós mesmos que não somos muito criativos. Podemos ter idéias, mas julgando-nos pouco criativos, ignoramos a nossas próprias idéias — porque são nossas. Ralph Waldo Emerson explica esta questão de maneira extraordinariamente sucinta no seu ensaio *Autoconfiança*:

> Acreditar que seus pensamentos, acreditar que aquilo que é verdadeiro para você no âmago do seu coração é verdadeiro para todos os homens — isso é o gênio. Expresse a sua convicção latente, que esta deverá refletir o sentimento universal. Devíamos aprender a detectar e a observar essa centelha de luz que lampeja em nossa mente. Entretanto, descartamos nossas idéias sem nos darmos conta; elas voltam para nós com certa majestade alienada. Amanhã, um estranho dirá, do alto do seu bom senso magistral, precisamente aquilo que pensamos e sentimos o tempo todo, e seremos forçados a aceitar envergonhados a nossa opinião dita por outrem.

Quantas vezes outra pessoa recebeu todo o crédito por uma idéia que há muito tempo tivéramos? A outra pessoa é considerada "criativa", enquanto nossas idéias permanecem ignoradas. Muitas vezes, subestimamos nossas idéias, as guardamos conosco e não nos guiamos por elas.

Contudo, como logo veremos, o processo criativo envolve mais do que apenas ter uma nova idéia; é também dar forma a esta idéia. Edison é venerado como o inventor da lâmpada elétrica. Mas ele fez muito mais do que simplesmente ter uma idéia brilhante; foram necessários anos de experiências e centenas de fiascos até ele conseguir produzir uma lâmpada que funcionasse. Aqueles que confiam em suas idéias, percebem o valor das mesmas e são fiéis a elas são os que expressam sua criatividade — e, desta forma, aqueles que consideramos "criativos". A criatividade não-expressa não é a criatividade que buscamos.

Uma atitude parcial

Nas áreas em que expressamos nossa criatividade, podemos considerá-la fluindo através de canais muito usados. Uma pessoa pode cozinhar bem, mas não se considerar tão criativa em outras artes. Outra pessoa pode ter muitas idéias criativas em programação de sistemas, mas sentir um certo bloqueio quando se trata de treinar uma equipe. Outra ainda pode expressar sua criatividade em desenho gráfico, mas não na solução de problemas. Nas áreas em que nossa criatividade flui com facilidade e livremente, aceitamos nossos dons e dificilmente os percebemos. Todavia, atentamos para aquelas áreas em que estamos bloqueados, e de novo nos subestimamos como pouco criativos. Mais uma vez tornamos a criatividade algumas coisa especial, além de nós e do nosso alcance.

Assim como muitos outros atributos humanos, nossa criatividade, em seus estágios iniciais, pode ser frágil e vulnerável. Quando crianças, de maneira geral transbordamos de criatividade, inventando novos jogos, compondo novas frases, criando novos mundos em nossa imaginação, construindo castelos com lascas de madeira e fazendo amigos. Então vamos para a escola, provavelmente na expectativa de que o aprendizado também possa ser parte desse jogo criativo. Contudo, via de regra, o jogo gradualmente se perde. À medida que "crescemos", o aprendizado torna-se mais sério. Nosso potencial criativo em geral torna-se inativo, às vezes é negado e para a maioria canaliza-se em umas poucas direções aprovadas.

Assim, não é de admirar que alguns de nós terminem a escola desapontados e com uma certa carência interior. A criatividade livre tornou-se um sonho perdido, uma recordação obscura do passado, agora substituída por uma aptidão altamente desenvolvida para o pensamento racional.

A mente lógica e a capacidade crítica sem dúvida constituem trunfos, sobretudo quando se trata da solução de problemas complexos. Contudo, o processo criativo também utiliza os aspectos não-racionais, ocultos e misteriosos da mente. O excesso de confiança nos modos racionais de pensamento pode ser um bloqueio adicional da nossa criatividade natural. Sob seus piores aspectos, nossa inclinação à racionalidade tende a redundar em cinismo que nega qualquer criatividade que possa existir em nós.

A criatividade é também uma atitude mental. É encorajada por uma abertura de pensamento; pela disposição de conviver por algum tempo com idéias conflitantes e não ter a solução de imediato; por uma curiosidade que busca informações e pela ânsia de aprender; pela valorização dos trabalhos do inconsciente e a disposição a brincar com a imaginação; e pela presteza em recuar e questionar suposições e crenças.

Muitas vezes, para nós, ser criativo é ter uma idéia brilhante, uma percepção repentina, um "aha!". Mas a criatividade envolve muito mais que isso. Em geral, ela exige muita reflexão, consciente e inconsciente, antes que a inspiração possa emergir. Einstein ponderou a respeito de alguns resultados experimentais inexplicáveis durante muitos anos, antes de chegar à Teoria Especial da Relatividade. A criatividade tampouco significa surgir com uma idéia nova ao final do processo. A idéia nova tem de ser expressa e receber uma forma, e isso também pode exigir muito tempo e trabalho.

Aqueles que admiramos como pessoas "criativas", via de regra, são os que reconhecem a existência de um processo em andamento e dispõemse a trabalhar com este processo natural — enquanto de modo geral o resto de nós inadvertidamente entra em seu caminho.

A criatividade como um processo

Para ver o processo criativo em ação, passaremos à análise de alguns "estimulantes do intelecto" do tipo freqüentemente considerado um teste de "solução criativa de problemas". Além de tentar solucionar o problema, tome consciência do processo que está acontecendo, os estágios pelos quais você está passando. (Caso conheça as soluções de todos eles, veja se consegue recordar o processo pelo qual passou na primeira vez em que solucionou esses problemas.)

Problema 1

Você tem uma torta para dividir em oito pedaços iguais, mas só pode fazer três cortes na torta. Como faz?

Tente solucionar o problema antes de continuar a leitura.

Provavelmente você pensa em si mesmo imaginando a torta, ou então desenhando-a, para sentir o problema.

Alguns de vocês podem ter vislumbrado uma solução de imediato. Se não conseguiu ver a solução, pode ter experimentado alguns cortes, imaginando talvez dividir a torta em quatro pedaços iguais com dois cortes.

Então é bem provável que você se tenha atrapalhado. Talvez tenha voltado atrás e experimentado cortes diferentes, ou talvez apenas tenha contemplado o problema, ponderando de que maneira mais um corte poderia lhe dar mais quatro pedaços.

É bem provável que quanto mais você se atrapalhava, mais frustrado ficava. Talvez até tenha desistido, e decidido continuar a leitura, ou mesmo procurar a resposta mais adiante.

Então, de repente, você pode ter visto como solucionar o problema. Você percebeu que havia feito uma suposição, e abandonar essa suposição permitiu que você visse outra forma de abordar o problema.

Por fim, só para ter a certeza de que realmente encontrou uma solução, provavelmente você contou o número de pedaços e rapidamente verificou se todos tinham o mesmo tamanho.

(Para aqueles que ainda estão atrapalhados, uma das suposições pode ser a de que a torta não é tridimensional. Compreender esta suposição pode levá-los a uma solução. Outra suposição que talvez você tenha feito é a de que os pedaços de torta não podem ser mexidos. Compreender esta suposição pode levar a outra solução.)

Problema 2

Apesar de o problema mostrado na Figura 3.1 existir há anos, ele ainda ilustra bem o processo criativo. Pede-se traçar quatro linhas retas através dos nove pontos, sem tirar a caneta ou lápis do papel, de forma que os nove pontos fiquem unidos, isto é, que cada ponto tenha pelo menos uma linha atravessando-o.

Alguns de vocês talvez já conheçam a resposta. Nesse caso, encontre uma solução utilizando apenas três linhas retas — sempre sem tirar a caneta do papel.

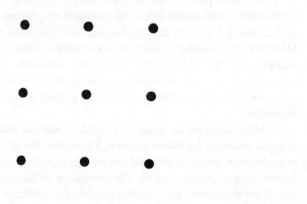

Figura 3.1

Mais uma vez, perceba o processo que acontece em sua mente. Primeiro ocorre a avaliação inicial do problema, e provavelmente algumas tentativas de solução. Quando estas não satisfazem as exigências, você poderá voltar a refletir, e tentar mais algumas experiências. Talvez então sobrevenha uma sensação de frustração, quando você "empaca", e talvez a seguinte idéia ganhe caminho: "Bem, isso prova que não sou muito criativo."

Assim como antes, sua frustração resulta provavelmente da sua insistência num conjunto de suposições, uma forma de encarar o problema. A maioria das pessoas, ao abordar o problema, "vê" de início os nove pontos definindo um quadrado, e supõe inconscientemente que os lados do quadrado oferecem um limite que as linhas não podem ultrapassar. Mas ninguém disse isso. Tente de novo, experimentando linhas que terminam do lado de fora do quadrado.

Os que conhecem a solução de "quatro linhas", mas ficam frustrados quanto à solução de três linhas, quase certamente sentem uma dificuldade ulterior diante de uma suposição diferente. Se você é um bom pensador lógico, com conhecimento de matemática, poderá até mesmo "provar" que é impossível unir os nove pontos usando apenas três linhas. Provar tal coisa com certeza alivia a sensação de frustração; mas mostra a sua impossibilidade apenas dentro de uma determinada forma de ver o problema. Com toda probabilidade, você está "vendo" os pontos como pontos matemáticos. Esta suposição significa que está tentando solucionar o problema com linhas que atravessam o centro de cada ponto — mas ninguém disse que tinha de ser assim.

Os que quiserem desistir são encorajados a fazê-lo. Continue a ler e veja se a resposta virá à sua mente, de súbito, mais tarde.

As fases pelas quais as pessoas passam, na tentativa de solucionar problemas como esses, são fundamentais ao processo criativo. Sempre que queremos solucionar um problema, discutir outra forma de fazer algo, elaborar um relatório, compor uma nova equipe, desenvolver um plano estratégico, discutir questões evolutivas pessoais, planejar um feriado ou redecorar a casa, obedecemos a um padrão semelhante. Mesmo ao ler estas páginas e aprender novos modos de pensar e agir, o processo continua atuando.

Nem sempre as fases se sucedem nesses estágios distintos, ou na mesma ordem. Às vezes podem acontecer tão rapidamente que mal as percebemos; em outras ocasiões as fases podem nos ocupar ao longo de horas, dias ou mesmo anos. Tampouco os limites entre as diferentes fases são bem definidos. Dos vários modos de detalhar o processo criativo, o modelo aqui apresentado considera que este processo se constitui de cinco fases:

Figura 3.2

Preparação refere-se à análise da tarefa, coleta de dados, procura de padrões, experimentação de algumas idéias, questionamento de suposições.

Frustração ocorre quando somos incapazes de resolver a questão, quando nos sentimos entediados, irritados ou desanimados, e duvidamos da nossa rápida capacidade.

Incubação é o período em que desistimos de tentar, deixamos a questão de lado e a entregamos à mente inconsciente.

Percepção intuitiva é a inspiração, o "aha!", o momento que normalmente associamos à criatividade.

Elaboração envolve testar as compreensões e dar-lhes forma.

É importante ver a criatividade como um processo assim. Se a consideramos apenas como o momento da compreensão, com toda probabilidade desvalorizamos os aspectos igualmente importantes embora menos surpreendentes do processo.

Por outro lado, se a maior parte da nossa educação e treinamento nos levou a valorizar a reunião de informações e a análise, mais uma vez vemos apenas parte do processo. Apresentaremos a tendência a saltar para o estágio final antes de dar tempo aos aspectos menos conscientes de amadurecimento. Se quisermos que a criatividade flua mais livre em todos os aspectos da vida, precisamos em primeiro lugar tomar mais consciência das características de cada fase e compreender como trabalhar com o processo como um todo.

PREPARAÇÃO
Abrindo caminho

"O gênio", disse Edison, "é 1% de inspiração e 99% de transpiração." Grandes autores, vez por outra, passam anos pesquisando o tema de sua escolha. Alguns artistas tornam-se conhecidos pelos incontáveis esboços preliminares e detalhados que fazem antes de iniciar a pintura final. Cientistas podem demorar anos elaborando e construindo um experimento crucial.

Contudo, de modo geral, gostaríamos que não fosse assim com a nossa criatividade do dia-a-dia. Quantas vezes, ao começar a escrever um relatório, elaborar um novo programa ou planejar uma estratégia, nos sentimos desencorajados ante a tarefa que nos espera? Sabemos que ela exigirá muito trabalho árduo; e, no entanto, gostaríamos de poder fazer um desvio e chegar diretamente à "transpiração", exibindo nossas idéias rapidamente e sem esforços.

Ainda assim, no fundo, sabemos que todas as vezes que produzimos uma obra que apreciamos, a qualidade surgiu a partir do tempo e energia que colocamos na tarefa, e não apenas da introvisão inovadora. Sabemos também que podemos ter grande alegria e realização nesta fase de preparação.

Esta fase tem inúmeras atividades diferentes associadas. Quando nos defrontamos com um problema ou iniciamos um projeto, procuramos em primeiro lugar avaliar a tarefa em questão, formar uma opinião sobre a situação e decidir quais são os nossos objetivos. Podem surgir muitas questões que necessitam de atenção. Que parâmetros aplicar? Quem mais precisa ser envolvido? Existem limitações de tempo ou considerações financeiras de que devamos ter consciência?

Uma tarefa inicial nesta fase consiste em reunir todas as informações necessárias, esclarecendo tudo o que sabemos sobre a questão. Se se trata de um projeto que nos interessa há algum tempo, teremos muitas informações armazenadas em nossa mente, algumas delas provavelmente bastante obscuras. Quanto mais pensarmos sobre o problema, tanto mais poderemos trazer esse conhecimento para primeiro plano. Em geral, as pessoas relatam que, depois de reunir todas as informações que possuem sobre determinado problema, surpreendem-se com a quantidade de conhecimento que haviam armazenado.

Os dados também podem ser colhidos de outras fontes: de relatórios, artigos e livros, ou de outras pessoas com alguma experiência na área, ou daquelas que têm ligação estreita com o assunto em questão. Uma grande decisão pode envolver longas pesquisas, com uma equipe de pessoas trabalhando na tarefa; embora possa consumir tempo — e energia — em geral vale a pena.

Nesse estágio não precisamos ter medo de buscar aconselhamento. Numa corporação com a qual trabalhávamos, o diretor de uma equipe de planejamento tinha de apresentar uma proposta detalhada para a usina de energia de uma nova instalação industrial em doze semanas. Não havia flexibilidade no prazo de entrega e, avaliando toda a pesquisa que teria de realizar, ele "provou" ser impossível completar o projeto no tempo previsto. Viu-se frente a uma tarefa impossível. Interrogado, ele admitiu que de fato havia outras pessoas em outras divisões de sua empresa que já haviam reunido a quantidade de informação de que ele necessitava. Perguntou-se por que ele não as procurava e pedia ajuda; ele replicou que essas pessoas não gostariam de ter seu tempo tomado por esse problema, e não estariam dispostas a ajudá-lo no futuro, "quando ele realmente precisasse". O que ele não se permitiu perceber é que então, mais do que nunca, era o momento em que ele realmente precisava de ajuda.

É fácil para nós julgar esse administrador como fraco, pouco agressivo ou incompetente, e replicar, "Eu não teria me refreado como ele o fez". Mas, cuidado, muitas vezes as coisas que nos amarram no processo criativo são questões pessoais aparentemente "tolas" como essas.

É igualmente comum a experiência de quanto mais reunimos informações e quanto maior é a nossa compreensão acerca da questão central, começamos a descobrir o cerne do problema e a ver mais claramente o âmago da questão. Este aprofundamento na compreensão pode levar-nos a perceber o problema de outro ângulo. Vez por outra, podemos ter necessidade de redefinir a questão diversas vezes, e cada redefinição mais nos aproxima da sua essência. Dessa forma, podemos descobrir que o verdadeiro problema é muito diferente daquele que tencionávamos solucionar. É necessário dizer que é importante ter a certeza sobre qual é a questão real. A última coisa que queremos fazer é conseguir uma solução criativa apenas para descobrir, depois, que solucionamos o problema errado.

Outra parte da fase de preparação consiste em explorar as possíveis soluções. O problema pode guardar semelhança com outros do passado. Quem sabe a experiência adquirida na solução daqueles possa ajudar-nos na nossa busca de uma solução? Ou outras possíveis abordagens podem vir à mente de forma espontânea. Nesse estágio, qualquer possibilidade merece certamente ser explorada; contudo, não devemos esquecer que são apenas possibilidades. Vez ou outra uma delas pode levar-nos à solução de todo o problema, e nesse caso passaremos para a fase de "elaboração". De maneira mais geral, o período de exploração das possibilidades de solução constitui parte importante na expansão da nossa percepção do problema.

Um aspecto da preparação que costuma ser esquecido é a necessidade de tomar consciência e desafiar as suposições básicas que levamos para a tarefa. Inconscientemente, somos condicionados pelo nosso pensamento e pelas experiências do passado. Nossa mente costuma "empacar" em trajetórias fixas e limitar a forma como abordamos a tarefa e o tipo de soluções que procuramos. Uma mente aberta é fundamental ao processo criativo — a tal ponto que o Capítulo 5 será dedicado ao questionamento das nossas suposições.

Preparação sem pressa

Sob certos aspectos, a preparação está sempre acontecendo. Estamos continuamente recebendo novas idéias, novos fatos e novas experiências, e qualquer delas pode constituir-se em um dado para um futuro problema. Por este motivo costuma-se considerar "mais criativas" as pessoas cujas mentes estão sempre recebendo novas informações — quer através da leitura, quer assistindo a palestras e documentários, quer de alguma outra forma. Esta informação pode não ser diretamente relevante para o trabalho mas, expandindo o conhecimento geral, as pessoas estão se preparando para futuros problemas.

A preparação mais deliberada que realizamos quando nos dedicamos a trabalhar em um problema é um período de trabalho árduo com a mente consciente; e nesta etapa não devemos ter medo de uma análise fria e crítica, da clareza e do rigor mental. De modo geral, este problema não é dos maiores para a pessoa que aprendeu que essas qualidades mentais são importantes. A maioria dos administradores foi treinada para buscar definições claras e concisas em relação a um problema, bem como para estabelecer objetivos. Eles sabem como reunir dados e como analisá-los. São igualmente muito bons em recorrer à experiência passada.

Muitos de nós falhamos na fase de preparação devido à nossa impaciência. Com a nosa ansiedade em chegar ao fim dessa etapa, via de regra não nos damos tempo para explorar a questão com a profundidade que ela requer. Ao contrário, tendemos a agarrar as possíveis soluções e partir para uma conclusão prematura. Embora esta fase possa ser apenas uma das cinco fases no processo criativo, a experiência mostra repetidamente que, em geral, quanto mais tempo é reservado para esta fase, melhor a qualidade da solução final.

No que se refere à decisão de quanto tempo despender no estágio de preparação, costumamos hesitar entre duas escolhas contraditórias. Por um lado, temos dificuldade em aceitar que, embora possamos dedicar muito tempo à preparação, jamais teremos toda a informação necessária. Seria mais consolador se soubéssemos que pensamos em todas as eventualidades, que exploramos cada caminho e que previmos as tais surpresas que, em retrospecto, são tão óbvias.

Por outro lado, existe uma tendência para querer tirar o problema do caminho. Quase invariavelmente, essa ânsia de "ter as coisas prontas" é prioritária sobre a necessidade de uma análise completa. Na maior parte das organizações, isso resulta em muito pouco tempo destinado à preparação.

Essa tendência quase universal de passar às fases de compreensão e elaboração o mais rápido possível é muito evidente em nossos seminários sobre administração criativa e solução de problemas. Nossa abordagem consiste em encorajar os participantes a dedicar um bom tempo à fase de preparação — em geral, três quartos do tempo total do nosso trabalho conjunto. A princípio, as pessoas têm dificuldade em aceitar isso; sentem-se ociosas e perdendo tempo, em vez de dar prosseguimento ao trabalho real para chegar a uma solução. Contudo, este "tempo perdido" é fundamental. Não apenas as pessoas têm idéias muito mais profundas acerca da natureza do problema em questão, como também, durante esse período, podem surgir soluções mais adequadas.

Procuramos incentivar a atitude da restrição criativa. O administrador criativo refreia tanto quanto possível o impulso de partir em busca de soluções — e então se contém um pouco mais, embora isso possa causar-lhe um sentimento de frustração.

FRUSTRAÇÃO
Indicações do mistério

Como já dissemos, a solução de um problema, às vezes, surge na fase de preparação. Uma solução óbvia pode de fato funcionar; a experiência passada pode conter a resposta ou de súbito, como que surgido do nada, revela-se um lampejo de inspiração. Ocasionalmente o problema não é de todo solucionado, mas apenas dissolvido, ao percebermos que na realidade não existe um problema. Em outras ocasiões, contudo, depois de reunir uma grande quantidade de dados, depois de muita reflexão e análise, e depois de explorarmos todas as soluções possíveis que se apresentaram, o problema continua a existir e a exigir solução. Em suma, estamos "empacados".

Um artista pode se sentir frustrado quando simplesmente não consegue expressar os sentimentos de maneira desejada, apesar de reiteradas tentativas. Uma cientista pode sentir-se frustrada por não conseguir a solução para um conjunto de equações, embora saiba que tem de haver uma solução e que ela dispõe de todas as habilidades necessárias. A frustração pode atingir uma pessoa que está redigindo um trabalho ou relatório, tão logo comece a perceber que o resultado não está bom e que não está expressando o que ela realmente quer dizer. A frustração pode dominar as pessoas numa reunião, à medida que o tempo passa e o grupo não se aproxima de uma decisão.

Descrições tradicionais da criatividade tendem a omitir do processo a frustração. A incapacidade de produzir uma solução parece ser o oposto do pensamento criativo. Além disso, a sensação de estar atrapalhado tende a afigurar-se como uma barreira para a nossa criatividade. De acordo com esse ponto de vista, quanto mais rapidamente deixarmos para trás a frustração, tanto melhor.

Outro forte motivo que nos leva a evitar a frustração é o fato de, pela sua própria natureza, ela ser incômoda. Podemos sentir-nos tensos, irritados, furiosos, desencorajados, inadequados, perdidos, entediados ou simplesmente cansados e letárgicos. Podemos imaginar que a esta altura "deveríamos" ter a resposta. Podemos começar a ter dúvidas se algum dia chegaremos a uma solução satisfatória. Ou podemos sentir que, ainda que exista uma solução, jamais a descobriremos a tempo. Não gostamos de sentir-nos frustrados e queremos que esse sentimento fique para trás o mais rapidamente possível — embora essa atitude, como logo veremos, nem sempre seja a melhor maneira de lidar com a situação.

Não só podemos nos sentir desencorajados por não conseguir uma solução, mas a frustração também pode manifestar-se como uma sensação de fracasso pessoal, como uma forte tendência a duvidar das nossas próprias aptidões e como um sentimento de inadequação. "Não sou bom o bastante", "eu me iludi; não estou à altura desta tarefa"; "nunca deveria ter assumido este projeto, é óbvio que é demais para mim"; "outra pessoa a esta altura já teria encontrado uma resposta". Neste momento somos inclinados a dizer: "Eu te disse, o fato é que não sou uma pessoa criativa."

Mesmo quando conservamos a confiança na nossa capacidade, ainda assim podemos nos sentir temporariamente inadequados. "Neste momento estou cansado e esgotado demais para ser criativo"; "não posso fazer isso porque dormi muito mal ontem à noite"; "estou com um bloqueio mental nesta questão"; "não estou sendo muito criativo ultimamente".

Frustração malcompreendida

A frustração é um fenômeno dos menos compreendidos. Raramente é permitida ou encorajada em nossa educação. "Prosseguir com a tarefa", "concluir os projetos", realização e sucesso são expressões que costumam estar ligadas à capacidade. Atrapalhar-se é sinal de incapacidade. Em vez de aprender a reconhecer a frustração e a lidar com ela, os alunos via de regra consideram-na uma barreira para o sucesso, uma incapacidade pessoal.

Atitude semelhante é bastante comum. Costuma-se perguntar a uma pessoa envolvida com um problema: "Ainda não terminou?" "Por que o está achando tão difícil?" "Talvez fosse melhor indicar outra pessoa para a tarefa..." Subliminarmente, está implícito que assumir determinada tarefa e "empacar" é um erro; apenas caminhar a passos largos, tranqüila e facilmente, na direção de uma resposta é "correto" e "louvável".

Como resultado deste condicionamento cultural, a frustração é vista como um julgamento pessoal, um sinal de fracasso. Imaginamos que estar bloqueado é o contrário de ser criativo. Mas, será que Michelangelo e Beethoven nunca se sentiram bloqueados? E Sartre, Wittgenstein, Russell e Pope nunca teriam se sentido atrapalhados? Será que as idéias de Newton sempre fluíam tranqüila e facilmente? Van Gogh descreve de que maneira a frustração foi parte importante da sua vida. Einstein convive com a frustração durante anos. Na Chrysler, Iaccoca vez ou outra sentia-se frustrado, a cada passo dado.

Por considerar a frustração tão negativamente, nós, "simples mortais", supomos que ela não é parte do processo criativo. Portanto, para muitos de nós constitui uma revelação perceber que a frustração faz parte do processo. Ela pode ser um sinal de que está faltando algo, de que algo mais precisa ser feito. Talvez existam aspectos que ainda não exploramos devidamente; talvez suposições ocultas nos tenham levado a tomar a direção errada; talvez simplesmente tenha chegado o momento de retroceder e deixar o problema para o dia seguinte. De acordo com esta perspectiva, a frustração é parte extremamente importante do processo e deve ser explorada, e não tirada do caminho.

Dois tipos de "Não posso"

Quando ocorrer, a frustração não deve ser vista como um sinal de fracasso ou de inadequação. Ela não é tanto um sinal de que "Eu sou incapaz", mas sim de que está faltando algo ao processo criativo.

Neste ponto, é importante estabelecer a diferença entre emoções primárias e secundárias. Emoção primária é uma descrição da realidade existencial de uma pessoa. O sentimento de que "não posso resolver esse problema", na verdade, pode ser válido. Talvez não tenhamos as habilidades ou a prática necessárias; talvez esteja faltando uma informação fundamental; talvez necessitemos da ajuda de pessoas com uma capacidade que não temos. Um executivo da publicidade, por exemplo, pode necessitar de ajuda e orientação antes de conseguir solucionar uma questão difícil relativa ao corpo de funcionários em seu departamento. Da mesma maneira, não se espera que um bom gerente de criação seja capaz de lidar com uma complexa questão estratégica. Nesses casos, o "não posso" constitui uma declaração realista de como são as coisas, do que podemos e não podemos fazer. Esses sentimentos devem ser respeitados, porquanto denotam um nível de maturidade pessoal ao conseguirmos reconhecer nossas próprias limitações. Podem ser um sinal de que precisamos implementar nossas habilidades, buscar mais informações ou conseguir alguma ajuda dos amigos.

As emoções secundárias, por outro lado, são as verdadeiras vilãs. Baseiam-se em nossos medos neuróticos do passado e de modo geral, refletem uma ansiedade quanto ao nosso próprio valor. Um "não posso" forjado de uma emoção secundária pode ser nada mais que o rebaixamento de nós mesmos, a tendência habitual a não confiar em nossa própria capacidade. Tais reações dificilmente são válidas, e certamente nem um pouco valiosas para o processo criativo. Esses sentimentos devem ser superados.

É importante conseguir discernir esses dois tipos de emoção, pois assim será possível dar um passo atrás e ouvir o que a frustração realmente está nos dizendo. Precisamos valorizá-la como um sinal capaz de nos ajudar a decidir que caminho tomar em nosso processo criativo.

Como lidar com a frustração

Para a maioria das pessoas, a frustração é o estágio mais difícil do processo criativo. Até mesmo os que sabem tudo sobre a frustração e compreendem seu valor ainda podem se deixar aprisionar por ela. É muito fácil reagir avançando indiferente, na expectativa de uma ruptura, ou saltar para uma solução repentina. Via de regra, só conseguimos analisar a situação em retrospecto, percebendo que estávamos num período clássico de frustração e que devíamos ter parado há uma hora — ou mesmo há uma semana.

Ao contrário da fase de preparação, que constitui um processo consciente e deliberado, a frustração não pode ser abordada com o uso de habilidades e técnicas mentais. Por este motivo tão freqüentemente ela é malcompreendida e descartada. Um período de frustração é o momento em que de fato precisamos ter confiança e fé no processo criativo — e em nós mesmos. Contudo, com a nossa vontade de superá-la, nós vemos a frustração como realmente é: um sinal de que devemos parar — parar de insistir, parar de "fazer" e passar a ouvir.

Isso exige uma atitude muito diferente daquela que a maioria de nós aprende e se habitua a ter. Em geral, procuramos coisas para "fazer" que nos façam esquecer nossas dificuldades; mas não existe solução pronta para a frustração. Muito provavelmente, qualquer ação só fará piorar o problema.

A frustração pode afigurar-se um muro mental contra o qual investimos. Em geral, parece não haver uma passagem. Contudo, quando reconhecemos que o processo criativo como um todo é uma interação de processos internos e externos, a frustração deixa de ser um muro e passa a ser uma membrana permeável que separa o interior do exterior. Basta aprender a atravessar essa membrana.

Reconhecimento e aceitação

Quando chegamos ao momento da frustração, precisamos reconhecer que ela faz parte do processo criativo. Assim seremos mais capazes de vê-la como ela é. E torna-se também mais fácil admiti-la nas outras pessoas. Enquanto consideramos a frustração como um sinal de inadequação, podemos ter medo de que, aos olhos das outras pessoas, expor nossos sentimentos de aflição e "fracasso" pode igualmente ser considerado uma inadequação nossa.

Reconhecer nossa frustração ajuda-nos a colocá-la na sua perspectiva correta, como sinal que deve ser ouvido e não como uma barreira contra a qual nos ressentimos. Assim fazendo, deixamos de ser vítimas dos nosso sentimentos e somos capazes de escolher a melhor maneira de lidar com eles. Reconhecendo-os como uma mensagem proveniente de nós mesmos, podemos afastar-nos do modo analítico de pensar, podemos deixar de tentar avançar a qualquer preço e perguntar a nós mesmos, "o que está faltando?", "Do que mais preciso?", "Já que estou 'empacado', como devo proceder?"

Temos de aprender a aceitar estes sentimentos de confusão e de incerteza como parte natural da vida. Para a maioria, isso não costuma ser fácil. Sentimo-nos bem mais tranqüilos se sabemos para onde vamos e quanto tempo levará. Deter nossos cavalos e esperar, sem saber quanto tempo irá durar essa situação incômoda, exige coragem — particularmente quando tudo à nossa volta parece clamar por uma solução.

Se conseguirmos acolher esta "tensão criativa" e conviver com ela, poderemos passar para outro nível de reflexão, para uma nova maneira de ver o problema. Possivelmente, a informação que esquecemos de súbito aflora à consciência. Vez por outra pode surgir uma pista para questões ou dúvidas inesperadas.

Acolhendo a questão inoportuna

Bill e eu trabalhávamos num extenso relatório. Já estávamos no segundo rascunho quando aos poucos uma sensação de desconforto apoderou-se de mim. Comecei a ponderar se realmente havíamos disposto as coisas na ordem correta. Foi desconcertante, pois tinhamos passado um tempo considerável organizando todo o material. A última coisa que eu queria era criar um problema que não existia, particularmente naquele estágio. Também sabia que uma grande reestruturação era a última coisa que Bill gostaria de fazer. Mas a inquietação persistia, e assim revelei-lhe meus sentimentos.

Por sorte, a reação de Bill não foi de exasperação. Ele levou meu questionamento a sério e pôs-se a considerar as conseqüências, caso mudássemos a ordem. Neste processo, foi ficando cada vez mais claro para nós que o tema central, a mensagem que servia de base a todo o relatório, não fora suficientemente enfatizada. Não se tratava de um problema de ordem, mas de conteúdo.

Neste caso, embora a questão em si pudesse ser injustificada, ainda assim ela tinha uma base. Era um sinal de que outra mensagem tentava aflorar. Se eles houvessem ignorado ou suprimido a questão, provavelmente não teriam percebido a fragilidade do relatório — ou talvez só tivessem se dado conta quando este estivesse completo e fosse submetido à apreciação.

Assim, sempre que questões aparentemente inoportunas afloram, devemos acolhê-las e dar-lhes espaço para consideração. Muitas vezes a questão é a expressão dissimulada de alguma inquietação ou frustração mais profunda, a qual até então não havia sido expressa e exige atenção. Reconhecer a questão inoportuna, por mais irrelevante ou tola que possa parecer, pode levar-nos a retroceder e abrir-nos para o que existe por trás da questão — e o que encontrarmos pode estar muito longe de ser irrelevante ou descabido.

Como tolerar a frustração

O ponto crucial na fase da frustração é a necessidade de revê-la: precisamos deixar de considerá-la como alguma coisa de que temos de nos livrar, e passar a tolerá-la. Precisamos valorizá-la como um passo difícil mas fundamental para o processo criativo.

"Tolerar" a frustração não significa vagar a esmo sem nada fazer; tolerar significa reconhecê-la como um processo totalmente natural e aprender a perceber o seu significado. Quanto mais nos conhecermos enquanto indivíduos, tanto mais saberemos ler as mensagens que nossa frustração nos envia. Para uma pessoa com pequena capacidade de resistência, que costuma descartar rapidamente a frustração, ela pode ser um sinal de que não se deve desistir, mas perseverar. Para uma pessoa cuja tendência é ininterruptamente reunir dados, a fim de adiar a tomada de decisões, a frustração pode muito bem constituir um sinal de parada temporária e passar para a próxima fase do processo criativo — a incubação.

INCUBAÇÃO
Como reconhecer o mistério

Um ovo recém-colocado no ninho não chocará sozinho; ele necessita de um período de "incubação", durante o qual o pintinho poderá desenvolver-se até o estágio em que estará pronto para sair da casca. Da mesma maneira, as idéias precisam ser incubadas antes que possam aflorar. E, assim como no caso do ovo, esse processo é imperceptível; trata-se de uma evolução que acontece sem o conhecimento da nossa mente consciente. É um período em que nada parece estar acontecendo, tudo o que fazemos é manter as idéias aquecidas.

A incubação é um período durante o qual temos de interromper a reflexão consciente sobre a tarefa em questão; é um período em que se deve deixar o problema de lado. É o momento para alguma coisa completamente diferente.

Vez ou outra podemos passar deliberadamente para o estágio de incubação, sabendo que depois de "uma noite sem pensar no problema", pode ser que vejamos as coisas de maneira diferente ou surjam idéias novas. Contudo, na maioria das vezes, somos empurrados para esse estágio. Passado um período prolongado de preparação — e provavelmente algum tempo de frustração — podemos dizer a nós mesmos: "Não posso mais continuar. Desisto." Quando a frustração é particularmente forte, podemos sentir que "para mim chega! Esse problema que vá para o inferno!" Em outras ocasiões, a pressão de outras tarefas e obrigações tende a levar-nos a deixar temporariamente o problema de lado, e retomá-lo mais tarde. Ou podemos simplesmente ser interrompidos por outros problemas que exigem a nossa atenção por algum tempo. A incubação costuma ocorrer a breves intervalos, como por exemplo, ir buscar uma xícara de café, ou durante períodos mais longos, tais como um feriado ou uma semana concentrando-se em outra coisa.

Seja qual for a maneira de chegarmos a ela, em essência a incubação é um período no qual deixamos de pensar no problema e de tentar encontrar uma solução. A mente consciente não se dedica mais à tarefa. Isso não significa que desistimos por completo, embora às vezes possa parecer que sim. O problema pode estar fora da mente consciente, mas não está de todo ausente dela. Está no "forno".

Assim como a frustração, essa etapa é parte do processo criativo, à qual nem sempre se dá a importância e o valor devidos. Não é algo que nos ensinam na escola ou no estudo da administração. Além disso, nossa cultura orientada para a eficiência nos inclina a ver este retrocesso e fazer alguma coisa diferente como uma perda de tempo. Entretanto, muito pode acontecer enquanto nossa mente consciente se encontra afastada do problema.

Muitas pessoas "criativas" sabem que a qualidade das suas soluções é muito acentuada quando se deixa a questão por algum tempo no inconsciente. O escritor Graham Greene, por exemplo, dedica deliberadamente um período de tempo a esta fase. Depois de completar toda a pesquisa consciente e reunir todos os fatos, experiências e impressões de que necessita, ele não se senta imediatamente para começar a escrever, mas espera. Ele deixa que sua mente inconsciente assuma o comando e observa o que ela tem a lhe dizer em sonhos. Só quando os sonhos se acumulam e chegam ao fim ele começa a escrever.

Uma abordagem um tanto diferente é a de Seymour Cray, fundador da Cray Computers. Há muitos anos ele divide seu tempo entre criar os computadores mais rápidos e eficazes do mundo e cavar um túnel que começa debaixo de sua casa. "Quando fico confuso e não estou fazendo progressos, desisto. Vou trabalhar no túnel. Demoro uma hora ou mais para cavar quatro polegadas." Para Cray, isso é mais do que um simples divertimento. Diz o presidente da companhia: "O verdadeiro trabalho acontece quando Seymour está em seu túnel."

Uma xícara de café

A incubação também pode ser involuntária. Todos passamos por ocasiões em que tivemos a nossa atenção desviada de um problema por um breve instante, e uma idéia que teimosamente se ocultava de nós surge de súbito.

Um colega e eu passamos grande parte de uma manhã num terminal de computador, trabalhando no desenvolvimento de um novo programa. Contudo, os cálculos eram tão complexos que parecia impossível incluí-los na memória disponível. Toda solução que experimentávamos acabava ficando sem espaço. Mas não queríamos desistir; ambos achávamos que tinha de ser possível.

Por fim, decidimos dar um tempo e ir tomar uma xícara de café do outro lado da rua. Descemos um lance de escadas e já estávamos no meio da rua quando de súbito a resposta surgiu. Solucionamos o problema naquele momento. Durante o café, verificamos os detalhes e descobrimos que de fato tínhamos uma solução viável.

Agora sei que poderíamos ter ficado mais duas horas no terminal e ainda assim não encontrar a solução. Contudo, bastou que nos desligássemos meio minuto para surgir uma nova abordagem. De alguma maneira eu devia conhecer a solução o tempo todo, mas sem aquela pausa ela não poderia aflorar.

Dar um tempo para uma xícara de café é apenas uma das formas de permitir a incubação. Outras possibilidades podem ser brincar com os filhos, sair para jantar, levar o cachorro ou nós mesmos para passear. Algumas pessoas conversam com outras para se distrair, outras lêem os jornais ou assistem a filmes antigos na televisão. Muita gente deixa a questão totalmente de lado e vai dormir. Outras pessoas tranqüilizam-se com uma massagem, tomam um banho ou meditam. Todavia, a forma mais corriqueira e talvez a menos perceptível de incubação consiste simplesmente em fazer alguma outra coisa que precisa ser realizada.

Ouvindo nosso inconsciente

A incubação é fundamental para um contato pleno com nossa criatividade. Ao deixar o problema de lado, permitimos que áreas mais profundas da mente entrem em ação; via de regra, elas nos mostram coisas que não poderíamos ver enquanto estivéssemos ocupados pensando conscientemente no problema, ou nos deixássemos tomar pela frustração.

Este conhecimento interior nem sempre pode ser traduzido em palavras — um dos motivos pelos quais nosso pensamento analítico e racional nos impede de percebê-lo. Quando consegue aflorar, muitas vezes esse conhecimento surge como um sentimento ou emoção. Podemos começar a ter consciência das dúvidas que nutrimos quanto ao caminho tomado. Podemos perceber uma sensação descabida de que se faz necessário um número maior de informações ou uma análise mais demorada. Ou podemos descobrir um sentimento subjacente de aceitação de uma questão que coloca em perspectiva uma frustração anterior.

Permitir que sentimentos mais profundos aflorem em um período de incubação pode constituir uma forma valiosa de solucionar problemas de nossa vida pessoal. Durante períodos de total frustração, talvez o ato de dar tempo e espaço a si mesmo pode provocar um momento decisivo. Por exemplo, um casamento que esteja atravessando um período difícil. Depois de tentar tudo em que pôde pensar para solucionar a crise, um dos parceiros pode sentir a necessidade de ir para algum lugar tranqüilo — no campo, no litoral ou nas montanhas. Naquele ambiente sereno sem as pressões habituais, talvez idéias novas e mais definidas a respeito do relacionamento venham a aflorar, quase espontaneamente.

Sono e sonhos

O sono é um dos melhores incubadores, porquanto neste período a atividade da mente consciente e racional encontra-se em seu ritmo mais reduzido. Não só podemos despertar pela manhã com novas perspectivas sobre uma tarefa, como a mente inconsciente também pode nos falar em nossos sonhos. Vez ou outra é possível que venhamos a sonhar com o

66

problema, e nossos problemas podem mostrar-nos aspectos da situação não percebidos antes.

Em *The Intuitive Edge*, Philip Goldberg, descreve vivamente como o inventor Elias Howe sonhou com a solução para completar uma máquina de costura:

> Howe trabalhara ao longo de anos e um pequeno detalhe mantinha-o afastado do seu objetivo. Então, uma noite ele sonhou que havia sido capturado por uma tribo de selvagens, cujo líder mandou-o terminar sua máquina, caso contrário seria executado. No sonho, o inventor aterrorizado foi cercado por guerreiros que o levavam para a morte, quando de súbito percebeu que as lanças dos seus algozes tinham buracos em forma de olhos junto às pontas. Howe despertou do seu sonho e esculpiu um modelo de agulha com um buraco perto da extremidade, em vez de colocá-lo no meio da haste.

Algumas pessoas gostam de manter um diário de sonhos, particularmente quando existe um problema maior. Rever nossos sonhos pode revelar respostas e sentimentos interiores que jamais nos havíamos permitido ver no estado de vigília. Não se trata de análise profunda, mas apenas de olhar e ver o que estamos tentando dizer a nós mesmos em nossos sonhos. A este respeito, somos a pessoa mais indicada para decifrá-los. Nós somos os criadores dos sonhos; o simbolismo e a interpretação são nossos. Temos a chave para compreendê-los.

Dar tempo para a incubação

Entregar-se a essa fase nem sempre é tão fácil quanto pode parecer. Estamos de tal forma acostumados a pensar com a nossa mente consciente e tomados pela idéia de alcançar o nosso objetivo o mais rápido possível que a maioria de nós tem dificuldade para parar de pensar num problema. Além disso, quanto mais nos deixamos dominar pela frustração, mais difícil pode ser deixar de preocupar-se em encontrar uma solução.

Quando nos sentimos pressionados, é muito fácil acreditar que não podemos perder tempo. Cada minuto parece precioso. Contudo, se o empreendimento não está correndo tranqüila ou rapidamente como gostaríamos, é bem provável que exista alguma coisa da qual temos conhecimento interior e que não está sendo considerada. A verdade é que com certeza é exatamente nessas ocasiões que não conseguimos retroceder por alguns minutos.

As exigências de uma decisão imediata por parte de outras pessoas também pode dificultar a incubação. Todos já recebemos telefonemas nos quais alguém nos pede para tomar uma decisão sobre determinado problema. Raramente temos tempo para meditar sobre a decisão; ao contrário, caímos na armadilha de acreditar que precisamos dar uma resposta de imediato. Mas depois quantas vezes desejamos ter ruminado a questão por algum tempo antes de dar a resposta? A verdade é que raramente temos de responder a uma pergunta de imediato, apenas porque alguém nos pediu. A maioria das decisões deve aguardar 24 horas. Quando isso não é possível, em geral, elas podem esperar dez minutos — o tempo para uma caminhada rápida, ou para uma xícara de chá, para analisar o que os nossos sentimentos íntimos estão dizendo. É surpreendente como novas perspectivas podem surgir durante apenas alguns minutos sozinhos, sem a pressão de alguém às nossas costas — ou, o que é pior, ao telefone.

Mesmo quando sabemos que um período de incubação pode ser exatamente aquilo de que necessitamos, ainda assim precisamos discutir com outras pessoas, que podem considerar a nossa necessidade como sinal de preguiça. Isso tende a ser particularmente difícil numa companhia que tenha como diretriz o lema: "Nós te pagamos para trabalhar, não para sonhar." Algumas organizações, entretanto, vêm reconhecendo o valor de dar às pessoas tempo para uma elaboração. Uma empresa de televisão inglesa, por exemplo, permite que um de seus diretores de documentários, jovem e talentoso, permaneça alguns dias retirado numa pequena pousada no campo, a fim de clarear suas idéias antes de iniciar o trabalho "oficial" num filme. O pequeno gasto com uma cama e refeições por duas noites é regiamente recuperado com a profundidade e imaginação das idéias que afloram durante esses dias solitários de caminhada em campos silenciosos.

Preparação íntima

Dar tempo à incubação é tão valioso e fundamental quanto dar tempo ao estágio de preparação. Na verdade, pode ser considerado um outro aspecto da preparação. A preparação, segundo sua definição habitual, envolve análise racional e consciente. Mesmo quando esta fase é concluída, informações cruciais ainda podem ser colhidas dos nossos sentimentos e estímulos interiores — nossas intuições.

Neste sentido, a incubação pode ser considerada um período de preparação íntima. Se o deixamos de lado, deixamos de lado uma parte fundamental da criatividade. Porquanto a criatividade provém muito mais do inconsciente do que do consciente. Nosso verdadeiro potencial não se limita apenas ao que "conhecemos" no sentido daquilo que é consciente, mas é também o que sabemos interiormente. É a este conhecimento interior que mais precisamos recorrer. Aí residem tanto o mistério quanto as profundezas da nossa criatividade.

Um período de incubação pode levar-nos a inúmeras e diferentes direções. Podemos perceber que precisamos coligir mais dados, retroceder e analisar a situação mais detidamente, ou retomar algum outro aspecto do estágio de preparação. Em outras ocasiões, poderemos ter a consciência de retornar à frustração, quando a necessidade de solucionar o problema se faz sentir. Muitas vezes novas idéias afloram à nossa consciência, levando a possíveis soluções. Quando isso acontece, passamos para uma nova fase do processo — a percepção intuitiva.

A PERCEPÇÃO INTUITIVA
A solução do mistério

Em essência, criatividade é o nascimento de alguma coisa nova. Idéias antes desconexas, de súbito se agrupam e desta relação nasce uma idéia nova. Há como que uma percepção instantânea, um "estalo". De repente passa a existir uma nova maneira de ver as coisas; e novas possibilidades descortinam-se diante de nós.

Esta é a fase do processo que mais prontamente associamos à criatividade, e a fase que mais nos atrai. Contudo, se considerarmos a criatividade apenas como este momento de inspiração, permaneceremos incapazes. Nada podemos *fazer* para ter esse "estalo". Ele parece "surgir do nada". Se nos limitarmos apenas a esperar que ele aconteça, seremos vítimas impotentes do processo — e, com toda a probabilidade, nada acontecerá.

A pessoa criativa reconhece que, embora uma idéia pareça surgir do nada, na realidade ela ocorre como resultado de tudo o que se passou antes. A preparação, a meditação sobre o problema, a análise de dados, o mergulho da mente na questão, a frustração e seus sinais de necessidade de olhar mais profundamente ou explorar sentimentos íntimos, bem como todos os processos inconscientes que ocorrem durante a incubação contribuem para a criação de um campo mental no qual a semente da idéia pode brotar.

Às vezes pode ocorrer um estalo durante o estágio de preparação; apenas pensar sobre o problema já é o suficiente para disparar uma nova idéia. Muito ocasionalmente, podem sobrevir introvisões em meio à frustração, mas via de regra o estado mental nesta fase impossibilita tais rupturas. Quando se pergunta às pessoas onde e quando têm suas melhores idéias, a maioria responde: no banho, na cama, quando já está adormecendo ou caminhando pela manhã, no banheiro, levando o cachorro para passear, tomando um drinque com um amigo, depois de fazer amor, jogando golfe ou correndo. Em todas essas situações, a característica comum é o fato de não estarmos "trabalhando". Em geral, estamos fazendo alguma coisa sem qualquer relação com o problema, e com a mente relaxada.

Uma nova idéia pode ser deflagrada por alguma coisa totalmente dissociada da questão. Um analista sênior de sistemas contou como:

> A idéia realmente surgiu do nada! Eu estava caminhando e, quando passei pelo Museu de História Natural, ocorreu-me a palavra "Savannah". Logo, a palavra transformou-se numa imagem muito nítida. Então o significado da imagem desenvolveu-se claramente. Tudo aconteceu em poucos segundos.
>
> Lembrei-me de como, quando tinha doze anos, meu pai e eu visitamos um dos primeiros navios nucleares. No tombadilho inferior, o guia abriu uma

escotilha e através de um piso de plexiglas contemplamos a casa de máquinas. Lá embaixo estava o misterioso e poderoso motor.

Hoje, 24 anos depois, esta lembrança do navio *Savannah* me tocou e deflagrou uma nova idéia: eu não preciso saber tudo sobre mim mesmo para avançar. O capitão do *Savannah* não conhece nem compreende tudo a respeito da reação atômica no interior do seu navio. Ainda assim, pode pilotá-lo numa noite escura, em águas desconhecidas.

Em situações como esta, a idéia desconexa age como uma semente, combinando-se com um aspecto da questão para criar uma nova síntese. É esta síntese que dá origem a uma nova idéia.

Estalo e imaginação

Em muitos casos, o estalo surge como imagens e não como palavras. Quando Einstein encontrou a explicação para a natureza da luz, ele não estava sentado em sua mesa resolvendo equações diferenciais. Estava deitado no gramado de uma colina, contemplando o sol através das pálpebras semicerradas, imaginando-se num raio de luz viajando do sol até os seus olhos. Foi quando sobreveio a inspiração. E isso aconteceu depois de anos de preparação mental e muita incubação.

O químico Auguste Kekulé, descobridor da estrutura molecular do benzeno, teve uma experiência semelhante. Até aquele momento, todas as estruturas químicas conhecidas eram compostas de cadeias lineares de átomos e, à semelhança de outros químicos de sua época, ele tentara em vão encaixar os seis átomos de carbono e os seis átomos de hidrogênio de benzeno em uma cadeia que satisfizesse as leis da química. Uma noite, após um bom jantar e alguns cálices de conhaque, acomodou-se para relaxar diante do fogo. Meio adormecido, observou as chamas bruxuleando e enroscando-se em si mesmas, e em sua mente elas lembravam serpentes em círculo, tentando morder a própria cauda. Despertou sobressaltado. As chamas não formam círculos, mas os átomos de carbono na molécula de benzeno poderiam fazê-lo. Era uma cadeia fechada, uma estrutura em círculo.

De certa forma, Kekulé já "conhecia" a resposta. Mas sua convicção de que tinha de ser na forma de uma cadeia vinha bloqueando seu raciocínio. Somente depois de afastar por completo a mente do problema, seu inconsciente pôde falar-lhe e mostrar-lhe o que sabia — e fez isso na linguagem do inconsciente, através de imagens.

Tanto no caso de Kekulé quanto no de Einstein, vemos exemplos de grandes rupturas. Quanto mais uma idéia reúne tudo que existira anteriormente em uma nova síntese, maior a qualidade da introvisão, e maior a transformação da situação.

Estalos nem sempre constituem solução na acepção corrente da palavra. Um gerente de vendas brilhante e empreendedor recebeu a tarefa de lançar uma nova linha de produtos numa área em que a companhia era fraca e precisava alcançar seus concorrentes. Alguns meses antes do lançamento, ele tivera uma experiência desconcertante. Imaginara essa área como uma águia, o que certamente parecia combinar com a sua sensação de que se tratava de um grande líder, poderoso e potencial. Entretanto, quando lhe pediram para imaginar-se entrando na águia, ele ficou intrigado ao encontrá-la vazia e oca; nada havia no seu interior.

Aos poucos, seu próprio conhecimento interior começou a penetrar-lhe a consciência. Ele se deu conta de que faltava alguma coisa fundamental em seu projeto — o compromisso dos seus superiores. Eles estavam elogiando o projeto da boca para fora, mas não com todo o compromisso financeiro e estratégico que ele justificaria. Da forma como as coisas estavam, ele não tinha dúvidas de que o lançamento não poderia dar certo. Dirigiu-se aos diretores e disse-lhes do que ele realmente precisava para que o lançamento fosse um sucesso. Contudo, ele não foi ouvido. Depois de diversas tentativas, decidiu ir para outra empresa. Seu estalo não resolveu o problema, mas transformou-o. Se ele não houvesse confiado em sua imagem e explorado o que seu inconsciente vinha tentando dizer-lhe, provavelmente teria continuado lutando e o fiasco seria ainda mais dramático. Na verdade, a nova linha de produtos nunca chegou a ser lançada.

Como o estalo é o estágio da criatividade que a maioria das pessoas quer favorecer, muitas técnicas, tais como 'brainstorming', "pensamento lateral" e "sinético" foram desenvolvidas. Embora sem dúvida elas possam estimular novas idéias, não devem ser vistas como soluções para o problema da criatividade. Sua eficácia depende da quantidade de fundamento e preparação anteriores, bem como da disposição dos participantes de ir além do nível superficial de reflexão. Utilizadas como parte do processo criativo, podem ser bastante valiosas (como veremos mais adiante); mas usadas como "soluções" para o "problema" de desenvolver a criatividade, podem ser uma ilusão.

Autoconfiança

O estalo é a mágica da criatividade. É totalmente misterioso, nunca é visível e está sempre além do nosso entendimento. Não podemos forçar-nos a ter um estalo e, no entanto, ele acontece. Ele vem a nós. Dizemos: "Tive um estalo!" Trata-se de um momento de inspiração, no qual alguma coisa "vem até nós". Nossa tarefa não consiste em criar um estalo, mas em estar aberto a ele e em percebê-lo, quando acontece.

A chave é um estado mental receptivo. Talvez não sejamos capazes de insistir até ter uma intuição, e tampouco podemos escolher o momento de uma inspiração; mas podemos decidir a forma como as receberemos, quando chegarem. Podemos manter os olhos abertos, acolhendo as novas idéias, à medida que forem surgindo, ou podemos mantê-los bem fechados, impedindo-nos de ver o que o nosso inconsciente está nos oferecendo.

Assim, a autoconfiança é uma importante qualidade pessoal nesta fase. Pessoas supostamente "criativas" não são criativas porque têm mais idéias, mas porque confiam em suas idéias e se dispõem a explorá-las. Outras pessoas costumam rejeitar suas introvisões; "Ah, foi apenas uma idéia minha... não pode valer muita coisa."

Autoconfiança significa confiar não apenas nos nossos processos de reflexão consciente, mas também nos inconscientes. Então somos capazes de ouvir a nossa frustração e o que estamos dizendo a nós mesmos. Podemos passar para a incubação, sabendo ter chegado o momento de entregar o problema ao nosso conhecimento interior, e valorizar as imagens e idéias que surgirem em nossa mente consciente, aparentemente vindas do nada. É bom lembrar que as inspirações de Leonardo da Vinci e os estalos de Newton surgiram inesperadamente, do nada; mas eles confiaram suficientemente em sua inspiração para segui-las até o fim.

ELABORAÇÃO
O caminho para a forma

"Ter um estalo" é uma coisa; dar-lhe forma é outra bem diferente. Muitas pessoas podem maravilhar-se com as cores de um pôr-do-sol, mas são necessárias a dedicação e a habilidade de um Turner ou de um Monet para captar esta visão na tela de forma a comunicá-la a outras pessoas.

Muitos de nós podemos ter idéias sobre a alegria e a beleza da vida, mas talvez sejam necessários muitos meses de trabalho árduo antes que essa idéia possa ser transmitida nas palavras de Blake, de Wordsworth, de Emerson ou de Shakespeare. Outras mentes podem ter vislumbrado a natureza da luz, mas Einstein estava preparado para concluir suas intimações. Muitos podem ter sonhado com um computador pessoal que satisfazesse as necessidades do usuário, mas foram Jobs e Wozniak que assumiram a tarefa de torná-lo realidade.

Essa fase de "elaboração" — elaborar a idéia e lançá-la no mundo, onde possa ser percebida — é parte fundamental do ser criativo. Sem ela, o processo da criação torna-se incompleto. Não é o número de idéias brilhantes que torna uma pessoa "criativa", mas quantas dessas idéias são elaboradas e deixam de ser idéias, passando para a esfera da ação. Esta é a marca de um administrador verdadeiramente criativo: a disposição para explorar suas idéias brilhantes.

A elaboração é uma fase altamente pragmática do processo criativo. Aí a compreensão é iniciada e equipada, e passos concretos para convertê-la em realidade são desenvolvidos e planejados.

Até ser dada uma forma à idéia, a criatividade permanece imanifesta e desconhecida. Seja o projeto em questão uma tarefa tão pequena como organizar uma reunião, ou tão ampla como construir uma fábrica, ou tão complexa como criar uma nova empresa de alta tecnologia, a execução continua a ser uma parte tão importante do processo criativo quanto qualquer outra. Um administrador criativo precisa ser capaz de comunicar suas idéias e inspirar as outras pessoas, para que elas queiram colocar essas idéias em prática; caso contrário, elas nada mais serão do que quimeras, pedacinhos de teoria não testada, nada além da fantasia.

Contudo, muito freqüentemente essa fase é menosprezada. Inúmeras idéias novas podem ser concebidas todos os dias, mas muito poucas são lançadas no mundo, pois não sabemos de que forma elas podem ser executadas. Via de regra, ficamos tão desconcertados com elas que nos esquecemos de que precisamos dar-lhes forma, para que possam ter valor. Temos uma idéia brilhante e costumamos pensar que a criatividade termina aí; esquecemos que a elaboração é parte tão importante do processo criativo quanto a preparação ou a incubação.

Assim como a preparação, esta fase exige tempo. Precisamos expor a idéia, receber o retorno e aperfeiçoá-la com base nessas novas informações. Na nossa cultura, muitas vezes somos exortados a não desistir, mas esta advertência costuma ser acompanhada por uma sugestão moral pesada — como se perseverar fosse um fardo, alguma coisa contrária ao nosso estilo de vida. Entretanto, não desistir pode ser parte de um processo criativo empolgante, quando todas as tentativas "malogradas" constituem uma fonte de mais informações úteis para o aperfeiçoamento da próxima tentativa, e não causa de desencorajamento.

Fases de elaboração

Podemos considerar dois estágios da elaboração. Em primeiro lugar existe o teste da idéia em si. Se confiamos o bastante na nossa idéia para levá-la até o fim, devemos agora indagar: Ela vai dar certo? Satisfaz as exigências originais? É realmente uma resposta para a questão? Como ficará na prática? Esse teste pode levar segundos ou meses de análise, verificação e exploração de implicações ocultas.

Muitas vezes neste estágio, o que se afigurava uma idéia brilhante pode ser um fiasco no teste. Talvez tenhamos de retornar à incubação, ou mais provavelmente somos atirados de volta à frustração. Podemos tomar consciência da necessidade de mais preparação: retroceder e pensar melhor sobre a tarefa, reunir mais dados ou tornar nossos objetivos mais claros.

Era o que acontecia com Edison toda vez que uma idéia falhava. Voltava à prancheta de desenho: Por que a idéia não dava certo? O que mais seria preciso? Que outras abordagens poderiam funcionar? O fato de Edison não se deixar desencorajar com os repetidos malogros, mas ter sido capaz de considerar cada "fracasso" como dados novos e de repetir o processo da criação diversas vezes, permitiu-lhe afinal aperfeiçoar o funcionamento de uma lâmpada.

Mais uma vez vemos que o processo da criação não é uma seqüência linear de eventos, mas um processo dinâmico; qualquer fase pode levar à outra, e podemos retroceder diversas vezes antes de resolver o problema.

Mesmo quando a idéia parece exeqüível, o processo está longe da sua conclusão. Neste ponto precisamos passar à segunda parte da elaboração — a execução. Esta fase pode ser rápida; completar uma resposta de palavra-cruzada pode demorar apenas um ou dois segundos, ou ocupar-nos por um longo tempo. Se estamos organizando uma nova estrutura administrativa, a execução tende a ajudar muitas das nossas tarefas diárias, à medida que tratamos das questões imprevistas que surgem em outras áreas, as inquietações pessoais dos envolvidos e os efeitos sutis que as mudanças podem exercer sobre os relacionamentos, a comunicação e a forma de trabalhar destes. Se estamos estabelecendo um novo programa de marketing, a fase de execução pode continuar ao longo de vários meses ou mesmo anos, à medida que asseguramos que nossas idéias sejam transformadas em resultados práticos.

A execução é um estágio no qual as habilidades, a prática, a experiência, as aptidões, os instrumentos e os recursos são de fundamental importância. Antes de poder manifestar sua idéia, um compositor criativo precisa ter bom "ouvido", conhecimento de teoria musical, habilidade para escrever música, experiência de quais instrumentos e vozes darão forma à sua inspiração e bons instrumentos.

Para fazer uma boa fotografia, um fotógrafo criativo precisa ter um bom "olho", o filme certo, uma boa câmera, conhecimento de como usar os recursos do seu equipamento, experiência dos tipos de luminosidade que melhor funcionam e uma compreensão de óptica.

Antes de conseguir realizar uma mudança com sucesso, um administrador criativo precisa ter habilidade na comunicação, compreender a motivação humana, as forças e fraquezas do indivíduo, disposição para lidar com os próprios sentimentos, experiência de quais abordagens têm mais chances de vitória, treinamento específico e capacidade de liderança e habilitação.

O processo da criação em miniatura

Ao iniciar a execução, estamos mais uma vez adentrando o processo da criação em miniatura. Testar nossa idéia na prática nos dá mais informações; se ela não funciona na primeira vez, dispomos de informações úteis a respeito de como fazê-la funcionar melhor da próxima.

Durante a preparação o problema era o foco; agora, na execução, a idéia torna-se o foco. A questão agora é como transformar a idéia em realidade. Mais uma vez poderemos nos deparar com a frustração, poderemos nos retirar para a incubação durante algum tempo e ter novas idéias quanto à melhor maneira de executar nosso projeto.

Além disso, em cada uma dessas voltas criativas, o processo da criação está atuando. Podemos "empacar" exatamente na forma de executar determinado aspecto da mudança organizacional, para então, subitamente, ter a idéia de alterar a carga de responsabilidade de uma pessoa em particular. Então podemos retomar o processo criativo, ponderando de que maneira comunicá-lo de uma forma que não seja considerada ameaçadora.

Uma solução pode ocorrer-nos à noite, e combinamos encontrar a pessoa no dia seguinte para apresentar a idéia. Contudo, o processo da criação ainda continua. Como estruturar o encontro? O que dizer primeiro? Como lidar com as preocupações da outra pessoa?

Mesmo quando respondemos a todas essas perguntas, nossa conversa pode ser uma miniatura quase imperceptível do processo criativo em si, na medida em que tomamos idéias e as expressamos em palavras e gestos, fazendo ocasionalmente uma pausa na preparação, talvez sentindo uma frustração momentânea e, exatamente quando menos esperamos, a frase certa surge de repente no nosso pensamento.

De uma forma ou de outra, o processo criativo permeia nossas vidas. Não importa o que façamos, jamais nos afastamos dele. Estamos envolvidos com o processo criativo dia e noite. Na verdade, ele é parte do estar vivo.

A CRIATIVIDADE COMO PROCESSO

A criatividade não é alguma coisa com a qual nos ocupamos ocasionalmente; ela é intrínseca ao próprio pensamento. Quase todos os pensamentos que já tivemos "nos ocorreram". Raramente elaboramos nossos pensamentos de forma deliberada; ao contrário, nos preparamos através de reflexão anterior, temos determinada intenção que desejamos expressar e a idéia "estala" misteriosamente em nossa mente consciente. Pensar é envolver-se no processo da criação.

A criatividade, como já vimos antes, é também parte da vida. Tudo o que fazemos é um ato criativo. Estamos constantemente dando vida a novas formas. É verdade que nem todas essas formas são notáveis, e não chegam a ser consideradas merecedoras do termo "criativas"; entretanto, baseiam-se no mesmo processo essencial. Quanto mais passamos a compreender o processo em ação, tanto mais podemos trabalhar com ele, a fim de produzir os atos de criação mais notáveis.

Se prestarmos bastante atenção, veremos o mesmo processo nas atividades e estados de humor das pessoas, em seus relacionamentos, em suas crises, em suas rupturas e no modo como vivem suas vidas. Quanto mais confiamos neste processo subjacente a todos os aspectos da vida, mais livremente flui o processo criativo. Estar vivo é ser criativo.

A dança do interior e do exterior

Podemos considerar o processo criativo também como uma dança entre as esferas de pensamento consciente e inconsciente. A deliberação consciente e racional por si só não produz novas idéias; tampouco qualquer período de incubação se a mente em primeiro lugar não tiver sido preparada.

Um problema precisa ser assimilado pela mente consciente, para então ser entregue aos processos mentais inconscientes. Ele é solucionado por uma introvisão criativa que provém do interior. E a idéia interior por sua vez é convertida em ação externa. Nesta união final da idéia interior com a ação consuma-se o casamento entre interior e exterior.

Contudo, como o interior, pela sua própria natureza, está oculto à nossa percepção, nós o esquecemos facilmente; passamos a contar sobretudo com as esferas conscientes e mais palpáveis do pensamento. Nossa cultura desenvolvida materialmente e altamente intelectualizada tem um grande conhecimento do brilho e da percepção da mente consciente. Tornamo-nos muito bons em pensamento, análise e planejamento racional. Sabemos como trabalhar com as idéias e administrar nossos próprios processos conscientes. Mas ignoramos os processos inconscientes, igualmente valiosos. Por serem misteriosos e intangíveis, não sabemos como fazer uso dos mesmos, e os deixamos no "automático", esperando que trabalhem para nós e produzam as idéias. Vez ou outra é isso que eles fazem; entretanto, mais freqüentemente, nossa dependência dos aspectos externos do pensamento deixa-nos em dificuldades no exato momento em que mais precisamos da nossa ajuda interior.

A criatividade e os hemisférios direito e esquerdo do cérebro

Essa dança entre interior e exterior reflete a dança entre os dois lados do cérebro. Nos últimos anos, o grau de especialização dos lados esquerdo e direito do cérebro humano em diferentes tipos de função mental vem despertando muito interesse. O hemisfério esquerdo parece ser particularmente eficiente no pensamento racional e lógico, no trabalho com números, no processamento lingüístico, no controle da fala e da escrita, na análise dos produtos mentais que ouvimos e lemos e no pensamento expresso em palavras. O hemisfério direito do cérebro, por outro lado, afigura-se melhor na síntese de idéias e tarefas visuais ou espaciais, tais como avaliação de forma e de padrões, e no desenho de imagens.

Embora descobertas mais recentes sugiram que nem todas as diferenças são tão perceptíveis como alguns pesquisadores iniciais foram levados a crer — por exemplo, certos processos verbais podem ser realizados pelo cérebro direito — ainda assim esta distinção vem atraindo a atenção de muita gente, particularmente no que se refere ao tema da criatividade.

Observando que a imaginação e a habilidade de sintetizar idéias estão mais associadas ao cérebro direito, e que também são processos mentais intimamente vinculados à geração de novas idéias, sugeriu-se que o hemisfério direito é também a sede da criatividade.

No que se refere às novas idéias, os processos do hemisfério direito podem de fato representar um papel importante, mas concluir que a criatividade em si é um processo do hemisfério direito é cometer o erro de ver a criatividade apenas como uma intuição instantânea e não como um processo do qual a nova idéia é apenas uma parte, ainda que essencial.

Quando consideramos a criatividade como um processo, percebemos que ambos os lados do cérebro desempenham um papel muito importante. A preparação, concentrando-se como o faz na análise, na coleta de dados, no pensamento e compreensão lógicos, utiliza as funções associadas ao hemisfério esquerdo. Durante a incubação, quando não está ocorrendo o processamento consciente do problema, torna-se difícil dizer que lado do cérebro predomina — mais provavelmente ambos os lados estão em igual medida envolvidos. A idéia em si, como já foi sugerido, associa-se primariamente com as funções do cérebro direito, enquanto a fase de elaboração leva-nos de volta aos modos verbal, analítico e lógico de pensamento, associados ao hemisfério esquerdo.

Assim, podemos ver o processo da criação como uma alternância entre os modos esquerdo e direito do pensamento, o que de certa forma reflete o mergulho da mente consciente para o inconsciente interior e, deste, de volta para o exterior. Seria um erro, contudo, igualar o hemisfério direito à mente inconsciente como algumas pessoas vêm fazendo. Ambos os lados estão abertos à nossa percepção; e, sem dúvida, existem amplas áreas de ambos que permanecem ocultas.

Na nossa sociedade, entretanto, despendemos mais tempo e esforços com as habilidades ligadas ao hemisfério esquerdo e não com as habilidades ligadas ao hemisfério direito. A educação tradicional preocupa-se mais com as aptidões de ler e escrever, e da aritmética, mais associada com o lado esquerdo do cérebro. Arte, música, poesia, dança e outras habilidades mentais mais vinculadas ao lado direito em geral não eram consideradas tão prioritárias.

Essa tendência reflete-se na nossa concepção usual de uma pessoa "brilhante". Quando se diz de alguém que tem uma "boa cabeça", via de regra concluímos que essa pessoa é boa em pensamento racional, em compreender idéias e em comunicar-se de maneira articulada. Por outro lado, uma pessoa excelente em pintura ou em algum instrumento musical talvez não seja considerada "inteligente", a menos que seja habilidosa também no pensamento ligado ao hemisfério esquerdo.

Embora algumas abordagens modernas para a educação tenham rompido esse modelo, muitos administradores de hoje estudaram em uma época em que essa atitude ainda predominava, por conseguinte têm mais fluência e confiança nas habilidades do "hemisfério esquerdo" e não naquelas associadas ao hemisfério direito.

Essa tendência educacional constitui outra razão pela qual muitos de nós se inclinam a se concentrar na forma de pensamento que conhecemos melhor — a preparação e elaboração — deixando que as novas idéias surjam de acordo com seus modos próprios e "misteriosos". Para sermos mais criativos, precisamos equilibrar as aptidões do hemisfério direito e do esquerdo.

Aprendendo com o processo como um todo

Aprender a trabalhar com o processo criativo não é aprender novas técnicas; é aprender a confiar na criatividade que já existe dentro de todos nós.

Este conceito é bastante simples, mas as conseqüências desta mudança de percepção são enormes, pois significa ver a nós mesmos como nosso maior recurso. Não temos de esperar que alguém "coloque" alguma coisa em nós. Tampouco precisamos nos excluir da lista dos "pouco criativos". Cada um de nós vence as diversas fases do processo da criação de uma forma que reflete a nossa própria individualidade. É importante tomar consciência das formas como respondemos ao processo — bem como reconhecer e valorizar a maneira pela qual as outras pessoas podem responder de maneira diferente.

Neste estágio, talvez valha a pena considerar nossas próprias aptidões e fraquezas no processo criativo.

- Durante a preparação você:
Despende tempo suficiente definindo e redefinindo seu problema?
Passa rápido demais para a solução?
Despende algum tempo questionando suas suposições?
Ou continua trabalhando quando deveria fazer um intervalo?

- Quando surgem os impedimentos e a frustração, você:
Retrocede e aceita esse inconveniente?
Escuta o que está tentando ser dito?
Partilha seus sentimentos com alguém?
Prossegue na esperança de transpor essa fase?
Descarrega nos outros?
Acredita-se incapaz para a tarefa?
Desiste?

- Você tem facilidade para afastar sua mente de um problema e pensar em outra coisa por algum tempo?

- Você dá tempo à incubação?

- Em quais situações costuma ter novas idéias?

- Você valoriza suas descobertas ou costuma rejeitá-las?

- Você tem muitas idéias mas raramente coloca-as em prática?

- Na fase de elaboração você:
Realmente testa suas idéias antes de colocá-las em prática?
Planeja e organiza com detalhes?
Faz uma verificação e recebe alguma resposta?

- Você tem facilidade para retomar o processo exatamente quando pensava que já havia solucionado a questão?

- Você está aberto para o mistério que está por trás do processo criativo? Ou costuma buscar segurança no passado e nas técnicas?

Quanto mais passamos a nos compreender e à nossa própria relação com o processo da criação, mais claro se torna que esse processo é algo com que estamos trabalhando e aprendendo ao longo da nossa vida. Quanto mais aprendemos com ele, mais a criatividade pode fluir em nossa vida.

Capítulo 4

Criando o Mundo que Vemos

A verdadeira mágica da descoberta não está em buscar novas paisagens, mas em ver com novos olhos.

Marcel Proust (1899)

Um aspecto essencial da criatividade consiste em aprender a ver as coisas com novos olhos. Muito facilmente olhamos o mundo através das lentes do passado, em vez de estarmos abertos para ver as coisas como são. Se quisermos responder criativamente aos tempos radicalmente diferentes que estamos adentrando, precisaremos estar dispostos a desafiar nossos antigos modos de pensar e a aprender a ver tudo de maneira nova.

Podemos achar que vivemos no presente, mas quantos de nós estão dispostos a ver o mundo e tudo o que fazemos com novos olhos? Por mais valiosa que possa ser a nossa experiência do passado, ela tem o hábito desagradável de distorcer a nossa visão do presente e do futuro. Com que freqüência respondemos a uma pessoa em razão de alguma coisa que ela disse há um ano atrás? Até que ponto a nossa opinião de um filme é afetada pelo que os críticos dizem? Quantas vezes supomos que o futuro será como o passado?

Não devemos subestimar a força desse condicionamento. Sem termos consciência disso, o passado assombra quase todos os aspectos da nossa vida. Tampouco devemos subestimar a dificuldade para sair disso. Esta é uma das questões fundamentais, com a qual as empresas se defrontam na tentativa de administrar a mudança. Nas palavras do gerente de controle de qualidade de uma indústria escandinava:

> Como fazer para que os supervisores da fábrica mudem suas idéias acerca do que seja qualidade? Eles simplesmente parecem não entender que deixamos de viver no passado. Sei que eles possuem capacidade e perícia para mudar o processo e melhorar a qualidade, se assim quiserem. O problema está em sua mente.

Este problema não se limita aos países mais desenvolvidos. O diretor administrativo de um conglomerado africano revelou-nos:

> Se quisermos continuar como uma grande força na década de 90, teremos de criar um estilo administrativo e uma cultura de trabalho inteiramente novos neste grupo. Não sei se o poder do passado nos permitirá fazê-lo.

83

São as atitudes das pessoas que precisam mudar; o resto será uma conseqüência.

Até mesmo algumas organizações que lideram a vanguarda percebem como é fácil deixar-se aprisionar pelo passado. Um importante grupo de *software* holandês, que nos últimos dez anos dobrava anualmente seu movimento de dinheiro, se deu conta de que, para enfrentar as necessidades do mercado em crescimento e as exigências da indústria, precisaria romper com a velha maneira de ver a estrutura da organização. Este grupo verificou que o tamanho ideal de cada um dos seus grupos de trabalho era de cinqüenta pessoas. Hoje, sempre que um grupo atinge este limite, é feita nova divisão. Eis a observação de um dos diretores veteranos: "Precisamos continuar abertos a novas formas de pensar e de nos organizar, caso contrário estaremos mortos."

Da mesma maneira, muitos comentaristas líderes da administração de hoje estão aprofundando este debate. Gareth Morgan, em *Riding the Waves of Change*, indaga:

> Como você encoraja as pessoas a permitirem que sua organização se torne flexível e enfrente os problemas de maneira a entrar competitivamente em uma situação de competição? Como faz isso? Para mim isso é fundamental...
>
> No passado, a competência administrativa andava de mãos dadas com a posse de habilidade e aptidões específicas; hoje, ela parece envolver muito mais. Esta competência repousa cada vez mais no desenvolvimento de atitudes, valores e "juízos de valor" que permitam aos administradores confrontar, compreender e mediar a ampla gama de forças dentro e fora das suas organizações.

Como vemos o mundo?

Aprender a dar um passo atrás e pensar de maneira renovada e flexível constitui a chave para ser um administrador criativo. Entretanto, não apenas o nosso pensamento é condicionado pelo passado; nossa percepção como um todo é inconscientemente determinada por aquilo que aconteceu no passado. Avaliar as implicações disso é novidade para nossa cultura. Contudo, se quisermos dirigir nosso futuro com a criatividade por ele exigida, é fundamental compreender o mecanismo da percepção, para que possamos nos libertar dos laços do passado. Para isso, retrocederemos por alguns instantes e contemplaremos a forma como a vemos.

Sabemos através da biologia como trabalham os olhos. Sabemos que a luz entra pela pupila e se focaliza na retina, criando vibrações elétricas enviadas ao cérebro. Com esta informação, criamos uma imagem do mundo que nos cerca. Mas como a mente cria esta imagem?

Analise a Figura 4.1. O que você vê?

Figura 4.1.

O que acontece na sua mente enquanto tenta dar um sentido à figura? Em primeiro lugar, perceba que mais uma vez você está adentrando o processo criativo. Os dados visuais estão à sua frente e provavelmente você está testando diferentes possibilidades. Também pode estar sentindo uma pequena frustração! Algumas pessoas poderão, inclusive, ter uma nova idéia; você poderá ver uma cena na neve, um mapa, uma pessoa, borrões de tinta ou algum outro objeto, enquanto outras pessoas continuarão a ver apenas formas em preto e branco.

O que acontece na sua mente enquanto busca diferentes possibilidades? Consciente ou inconscientemente, você está comparando os dados que tem à sua frente com determinadas experiências anteriores. Está buscando alguma coisa semelhante em sua memória. Quando algo parece encaixar, você combina os dados com seu passado, criando uma imagem que "vê" na página.

Na realidade, ao contemplar esta figura experimentamos em nossas mentes o processo normal de percepção em ritmo muito mais lento. Os dados que entram são neutros; o significado é acrescentado por nossa experiência passada, já arquivada em nossas mentes.

Quando novos dados entram, o cérebro procura encontrar uma semelhança com experiências passadas. Encontrando essa semelhança, a mente "vê"; ela cria um sentido para os dados.

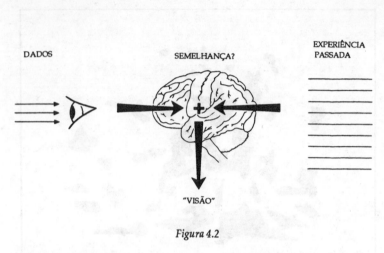

Figura 4.2

Se olhar a Figura 4.6 na página 97, você verá outro conjunto de formas em preto e branco. Desta vez, contudo, é fácil estabelecer uma relação com experiências passadas, e o processo de "ver" acontece tão rápido que você nem se dá conta. Aparentemente, você está apenas vendo uma imagem naquela página. Mas na verdade você criou a figura de um *cowboy* a partir dos dados na página.

Voltando à figura original, o que você vê agora? Com toda a probabilidade você está vendo a mesma imagem da Figura 4.6. Mas a figura não mudou. Você está vendo exatamente os mesmos dados. A mudança está em que agora você tem uma experiência passada que combina facilmente com os dados. O processo de ver é mais automático, mais rápido, e mais óbvio. É o mesmo processo criativo de antes, só que agora muito mais próximo da velocidade normal.

Uma vez estabelecido um sentido para as formas torna-se difícil abandonar a imagem por nós criada. É difícil retroceder e vê-las como um mapa, a neve, manchas de tinta ou o que quer que se tenha visto antes.

Mas, de onde vem a figura que você vê agora? Ela pode parecer que está na página, mas na realidade está na sua cabeça. Você a criou.

O mesmo acontece com tudo o que "vemos" — maçãs, árvores, carros, papel, pessoas, computadores — bem como com tudo o que ouvimos, cheiramos, saboreamos e tocamos. O cérebro está continuamente comparando o fluxo de pulsos elétricos que entram com experiências passadas, e criando a partir desta comparação uma imagem do mundo exterior em nossas mentes.

Nós criamos o nosso mundo em cada momento da nossa vida. Isso é criatividade em seu nível mais penetrante. Ela é tão vigorosa, constante e automática que nem mesmo percebemos que está acontecendo.

Isso pode parecer algo precipitado e distante da criatividade e administração do dia-a-dia; contudo, insistiremos nesse tema, pois suas implicações são as mais amplas; podem atenuar a dominação do passado e liberar nossa criatividade.

Juízos de valor

Não só a nossa percepção sensorial é determinada pelo passado. Quando criamos uma imagem do mundo, passamos a acumular sobre essa "realidade" julgamentos, interpretações e avaliações. E estes igualmente têm como base o passado. Vemos determinado modelo de carro e, inconscientemente, julgamos seu valor de acordo com registros e experiências passadas. Ouvimos as palavras que alguém nos diz e, involuntariamente, as interpretamos tomando como base nossos sentimentos em relação a essa pessoa. Podemos entrevistar alguém para um trabalho e, sem nos darmos conta, avaliamos essa pessoa de acordo com seu modo de falar e seus maneirismos.

Essas idéias preconcebidas que impomos à realidade são conhecidas pelos psicólogos com o nome de "juízos de valor". Mark Brown, consultor que estudou profundamente os juízos de valor e seus efeitos na nossa vida definiu-os como "as estruturas e esquemas psicológicos que dão sentido à nossa experiência". No linguajar diário, os juízos de valor levam diferentes nomes — atitudes, convicções, tendências, valores, suposições, preconceitos, julgamentos, idéias preconcebidas, estereótipos. Eis alguns exemplos comuns de juízos de valor:

Todos os políticos são corruptos.
Homens de negócios só pensam em dinheiro.
Minha mãe ainda me considera uma criança.
Meus filhos nunca me ouvem.
Sexo antes do casamento é mau (ou bom).
A administração veterana é quem manda.
Um bom ensino prepara-o para toda a vida.
Homens de barba escondem alguma coisa.
É difícil mulheres de negócios chegarem ao topo.
Meus colegas não percebem meu verdadeiro potencial.
Os primeiros colonizadores americanos eram valentes e audazes.
Pessoas com sangue latino são afetuosas e apaixonadas.

Quanto mais trabalhar, mais bem-sucedido serei.
A cozinha inglesa carece de imaginação.
Criatividade não pode ser ensinada.

Às vezes as pessoas chegam à conclusão de que ter juízos de valor é, de alguma forma, errado ou desnecessário. Na verdade, eles são absolutamente fundamentais. Sem eles, não seríamos capazes de compreender o mundo em que vivemos e nos relacionar com ele. Não conseguiríamos processar e avaliar novas experiências — seria o mesmo que tentar pendurar um chapéu em uma parede sem gancho. Juízos de valor são pontos de referência e apoio.

Uma mente sem juízos de valor é desestruturada, amorfa — tão inútil quanto gelatina fluida. Imagine um administrador tentando fazer uma avaliação anual de um membro da equipe sem nenhum juízo de valor acerca da sua atuação, de seus valores e fraquezas e de seu potencial de desenvolvimento. Não haveria base para uma avaliação inteligente.

Embora os juízos de valor sejam essenciais enquanto ponto de referência atual, eles não são a verdade absoluta, mas apenas uma opinião. Como tal, precisam ser atualizados com regularidade. Fazer uma avaliação anual tomando por base os juízos de valor do ano anterior é evidentemente, uma tolice. Todavia, quantas vezes permitimos inconscientemente que isso aconteça, e assim permanecemos aprisionados no passado?

Precisamos aprender a dar um passo atrás e tomar consciência dos nossos juízos de valor, avaliando o quanto eles condicionam nossa experiência da realidade. Para o administrador criativo, via de regra este é o primeiro passo a ser dado no desenvolvimento de maior flexibilidade.

Vendo as coisas com outros olhos

Se nos apegamos demais a determinado juízo de valor, não permitimos que outras perspectivas entrem na nossa mente — embora muitas sejam as formas de ver o mesmo fato. Tomemos por exemplo a ilustração da Figura 4.3.

A experiência passada nos faz ver essas doze linhas como um cubo. Por outro lado, podemos fazer isso de duas maneiras: vê-lo como um cubo visto de cima, ou como um cubo visto de baixo. Uma vez que estamos mais acostumados a ver objetos em forma de caixa de cima e não de baixo, a maioria das pessoas visualiza-o mais facilmente como um cubo visto de cima. Contudo, a outra perspectiva é igualmente válida. Com um pouco de prática podemos modificá-la de uma para outra e voltar à primeira perspectiva sem muito esforço.

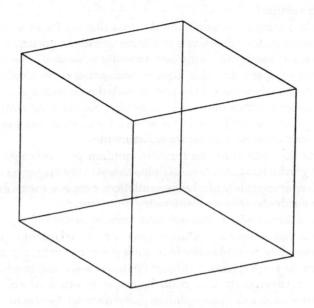

Figura 4.3

Poderíamos perguntar: "O que é realmente um cubo visto de cima ou de baixo?" Na verdade, nada. Os dados na página limitam-se a doze linhas. A realidade é que criamos duas percepções diferentes desses dados. Além disso, criamos um sólido tridimensional a partir de uma informação bidimensional.

Da mesma forma, com os juízos de valor, os mesmos dados podem ser interpretados de duas maneiras radicalmente diferentes. Numa campanha publicitária para a televisão inglesa, um jornal de circulação nacional tentou tornar aceita a idéia de que, ao contrário dos outros jornais, ele considerava perspectivas alternativas. O anúncio mostrava um jovem *skinhead* saltando sobre um homem de negócios — para atacá-lo? Então a câmara recua, e revela um guindaste com uma carga de tijolos prestes a cair sobre o homem de negócios. O rapaz empurra-o bem a tempo de tirá-lo da rota dos tijolos. A mensagem é clara: é uma insensatez e um perigo partir para as conclusões costumeiras. É importante dar um passo atrás e ver se existem visões alternativas antes de reagir de acordo com antigos juízos de valor.

Levamos nossos próprios juízos de valor para todas as situações. Vejamos, por exemplo, a atração sexual. Os ocidentais em geral preferem mulheres magras; isso é resultado de simples "alquimia" física ou trata-se

89

de condicionamento social? Em outras palavras, o resultado de um juízo de valor de um grupo?

Em determinada comunidade de uma ilha do Pacífico, os homens consideram atraentes e desejáveis mulheres grandes e gordas, tanto assim que os líderes alimentam suas mulheres constantemente e impedem-nas de fazer exercícios, para que elas fiquem bem gordas. No Ocidente, essas mulheres seriam hospitalizadas por obesidade excessiva e seus corpos flácidos e roliços seriam olhados com desagrado. Na ilha, contudo, sob a poderosa influência do juízo de valor social, são essas mulheres que os homens consideram mais atraentes sexualmente.

Juízos de valor culturais também mudam com o tempo. Fidalgos vitorianos gorduchos eram considerados desejáveis e elegantes na década de 1870. Cem anos mais tarde, homens atléticos e em boa forma estavam na moda e os gorduchos eram considerados ultrapassados.

Outra esfera evidente, onde encontramos os mesmos fatos percebidos de maneiras diferentes é a política — tanto a nacional quanto a interna de uma empresa. Por exemplo, diante de uma discussão entre um sindicato e uma equipe de empresários, o lado que parece e soa como sendo o "certo" para nós provavelmente será o do lado que já era o nosso. Ou então consideremos os jornais cujas opiniões preferimos ler. Gostamos de pensar que estamos lendo notícias imparciais, mas via de regra lemos aquelas interpretações que sustentam nossas próprias tendências.

No trabalho, podemos entrar em desacordo com nossos clientes quanto às interpretações de acordos de remessa simplesmente porque os juízos de valor deles valorizam os prazos de entrega, enquanto os nossos levam em consideração o custo do transporte. Em uma reunião de planejamento, o diretor de vendas pode analisar o juízo de valor de curto prazo para os próximos seis meses, enquanto o diretor de marketing está interessado no juízo de valor de longo prazo, para a estratégia dos próximos três anos.

Juízos de valor exacerbados

Alguns dos nossos juízos de valor são tão fortes que distorcem nossa percepção da realidade. Podemos ter passado pela experiência de adquirir um carro que considerávamos especial e raro. No dia seguinte vemos este carro quase em todos os lugares para onde olhamos. É como se o fabricante houvesse instigado uma campanha de marketing, triplicando as vendas da noite para o dia. Quando as mulheres engravidam repentinamente, passam a ver mulheres grávidas em toda a parte. Ou então deparamos com uma nova palavra, procuramo-la no dicionário e passamos a vê-la em todo o lugar, como se fosse a última moda. Não é que o número de carros, de mulheres grávidas ou o uso de uma palavra tenham realmente aumentado;

nossa mente é que agora está pronta para pôr-se a ver essas coisas; por isso registramos incidentes que antes teriam passado despercebidos.

Contudo, vez ou outra um juízo de valor pode ser tão "exacerbado" a ponto de, em nosso esforço para adaptá-lo aos dados novos, podermos, na verdade, "ver" coisas que não existem. Veja os problemas — que as crianças tanto apreciam — que brincam com essa tendência da mente em saltar para falsas conclusões.

Leia a frase que aparece na Figura 4.4.

O que diz a frase? "Um pássaro na mão?" Não exatamente — olhe de novo.

A mente, que antecipa uma frase familiar, força o que existe para ver o que ela espera. Como as crianças lêem mais devagar que a maioria dos adultos e possuem juízos de valor não tão fortes a respeito dessas frases, é mais provável que elas leiam a frase mais corretamente do que um adulto.

Figura 4.4

Talvez você conheça o seguinte exemplo de um juízo de valor exacerbado. Dirigindo ansiosamente por uma estrada pouco iluminada à noite, você pode ver de súbito uma criança prestes a atravessar-lhe o caminho. Você freia, dá uma pequena guinada — mas ainda assim atinge a "criança", que só naquele momento você percebe que é apenas um galho de árvore com um trapo velho pendurado. No entanto, por um ou dois segundos, você teve a sensação de que a criança era absolutamente real. Em períodos de ansiedade e tensão, nossa mente obstina-se a perceber aquelas coisas que mais tememos, e desta forma forçam e distorcem inconscientemente os fatos, para que estes combinem com nossa mente exacerbada.

Publicitários aproveitam-se deliberadamente dos nosso juízos de valor exacerbados. Colocando repetidas vezes uma imagem de determinada marca diante dos nossos olhos, eles condicionam nossa percepção, de forma que, quando vamos ao supermercado, nosso juízo de valor estimulado por aquele produto faça com que aquela marca específica se sobressaia com relação às demais. Mais uma vez, este processo permanece em grande medida inconsciente e os processos pelos quais fazemos nossas escolhas de maneira geral nos são desconhecidos.

Juízos de valor prejudiciais

Uma vez que estabelecemos uma forma de ver as coisas, facilmente nos agarramos a ela. Nossa percepção passada pode criar um juízo de valor exacerbado para ver uma situação de determinada maneira. Contudo, os fatos podem mudar com o passar do tempo, ainda que não consigamos perceber o novo, pois olhamos as coisas através de um velho juízo de valor.

Considere, por exemplo, a série de oito figuras, iniciando com o rosto abaixo e continuando ao longo das três páginas seguintes (Figura 4.5). O que acontece com a sua percepção à medida que segue as imagens até a página 95?

Examine-as agora.

Quando chegar à última figura, quase certamente o rosto terá se transformado na silhueta de uma mulher. Mas em que momento você percebeu que a figura deixou de ser o rosto de um homem? A maioria das pessoas detecta a mudança por volta da sexta ou sétima imagem. Entretanto, se estivéssemos realmente olhando cada imagem como se fosse nova, deixaríamos de ver um rosto e veríamos um corpo no quinto quadro.

Figura 4.5

Estabelecido o juízo de valor de que estamos vendo um rosto de homem, nos aferramos a essa interpretação e forçamos os novos fatos (de acordo com esse modelo, embora a imagem agora represente melhor uma silhueta de mulher.

Curiosamente, quando as pessoas vêem essa seqüência de imagens e em seguida são mostradas a elas as figuras no sentido contrário, uma a uma, elas se apegam ao juízo de valor do corpo de mulher e não voltam a ver o rosto até a terceira ou segunda imagem no começo da seqüência — embora saibam que a imagem se transformará no rosto de um homem.

Na nossa vida diária encontramos um padrão semelhante de juízos de valor que se tornam arraigados e nos enganam. É comum os pais se deixarem limitar por antigos juízos de valor sobre seus filhos em crescimento, considerando muitas vezes o adolescente segundo o juízo de valor que tinham quando o filho estava com 10 anos. O mesmo pode acontecer com nossos parceiros. Assim como a maioria das pessoas, eles mudam com o tempo; e, no entanto, quantas vezes nos apegamos a nossas antigas opiniões e não percebemos as mudanças pelas quais passaram?

Esta propensão para manter-se fiéis a determinado ponto de vista ocorre até mesmo no nosso primeiro encontro com uma pessoa e pode ser predeterminado pela menor quantidade de informação. Uma turma de alunos do Instituto de Tecnologia de Massachusetts começaria a ter aulas com um novo conferencista. Como experiência, metade do grupo recebeu a seguinte informação sobre o novo conferencista: "Aluno graduado no Departamento de Economia e Ciências Sociais do MIT, tem três semestres de experiência de ensino de psicologia em outra faculdade. Este é o seu primeiro semestre lecionando economia. Tem 26 anos e é casado. As pessoas que o conhecem consideram-no uma pessoa bastante sensível, esforçada,

Figura 4.5 (continuação)

prática e determinada." A outra metade do grupo recebeu exatamente a mesma informação, exceto pelo seguinte. Disseram-lhes que ele era "... uma pessoa bastante fria, esforçada, crítica, prática e determinada".

Os dois grupos de alunos reuniram-se e assistiram a duas aulas com o novo conferencista. Foi-lhes pedido, então, para avaliar a atuação do professor. Surpreendentemente, os que esperavam uma pessoa "sensível", achavam o conferencista bem mais atencioso, informativo, sociável, popular, de boa índole, brincalhão e humano de que os alunos que esperavam uma pessoa "fria" — embora ambos os grupos tivessem assistido exatamente às mesmas preleções. Evidentemente, o que consideravam como um julgamento individual, fora na verdade determinado pelo juízo de valor que lhes havia sido sugerido. Eles fizeram o conferencista ajustar-se ao modelo dado.

O exemplo acima indica claramente quatro princípios básicos de juízos de valor em atuação.

> NÓS CRIAMOS O QUE VEMOS. A percepção subjetiva do conferencista como uma pessoa atenciosa/desatenciosa, sociável/insociável, divertida/não-divertida, etc., é criada dentro da mente do aluno e não existe indiscutivelmente "do lado de fora".
> OS MESMOS FATOS PODEM OFERECER MAIS DE UMA REALIDADE. Todos os alunos assistiram exatamente às mesmas palestras, mas viram dois conferencistas diferentes.
> VEMOS O QUE ESPERAMOS VER. As informações previamente dadas haviam "excitado" os juízos de valor dos alunos, e o conferencista combinava com suas expectativas.
> JUÍZOS DE VALOR SÃO AUTOCONSOLIDADORES. Esses três princípios juntos produzem um sistema autoconsolidador. Os alunos que consideravam

Figura 4.5 (continuação)

o conferencista uma pessoa "sensível" tiveram a tendência a ver uma pessoa "sensível", reforçando assim seu juízo de valor original e mantendo-se fiéis a ele.

Como lidar com nossos juízos de valor

Já vimos como os juízos de valor afetam a nossa percepção do mundo. Sua influência, contudo, não termina aí. Eles causam um impacto em nossos pensamentos e em grande parte do nosso comportamento.

Willis Harman, presidente do Instituto de Ciências Abstratas na Califórnia, está bastante interessado na relação entre a nossa crescente compreensão da mente e os problemas e decisões com que a humanidade de hoje se defronta. Segundo suas próprias palavras:

> Provavelmente, a descoberta que mostrou ter as maiores conseqüências foi a surpreendente extensão da influência das convicções inconscientes que adquirimos desde nossas primeiras experiências e do nosso ambiente cultural sobre nossas percepções, motivações, valores e comportamentos... Uma vez consolidada uma percepção da "realidade", todas as evidências em contrário costumam tornar-se invisíveis. Elas nos controlam e limitam nossas aptidões criativas, impedindo-nos de usar plenamente os recursos em potencial que estão à nossa disposição.

Se nossos juízos de valor exercem um efeito tão poderoso sobre a nossa percepção e os nossos pensamentos, poderíamos perguntar se não seria melhor livrar-nos deles. A resposta é não. Sem juízos de valor, não poderí-

Figura 4.5 (conclusão)

95

mos estruturar nossa percepção no mundo, não teríamos meios de criar uma realidade coerente nem tampouco de distinguir o certo e o errado; não teríamos um mecanismo para dar ordem a nossas vidas, nem base para decidir o que fazer. Na realidade, os juízos de valor são janelas através das quais vemos o mundo — sem uma janela, nada veríamos. Eles são absolutamente essenciais para a consciência humana.

Quando as pessoas tomam consciência, pela primeira vez, dos juízos de valor e da sua influência, via de regra supõem erroneamente que são negativos. Os juízos de valor em si não são "bons" nem "maus". O importante é saber se nós os controlamos ou se eles nos controlam. A solução não está em tentarmos livrar-nos dos nossos juízos de valor, mas em ter consciência deles e levá-los em conta — reconhecendo através de qual janela estamos olhando.

Nossa mente é influenciada, desde a mais tenra infância, por nossos pais, pela escola, pelos meios de comunicação, pelos amigos e pela cultura na qual vivemos. Como cada um de nós passa por diferentes experiências, somos influenciados de maneiras diversas — olhamos o mundo através de janelas ligeiramente diferentes. Quando encontramos alguém cujo juízo de valor sobre determinada questão é diferente do nosso, facilmente consideramos o juízo de valor do outro como sendo errado — e o nosso como certo. Assim, "a pena de morte é um erro", "comunistas são um erro", "o controle paterno é um erro", ou tudo aquilo que for discordante da nossa visão alimentada "é um erro"! Isso não significa que todas as visões do mundo são corretas. A questão é que, inconscientemente, supomos que nossa visão da realidade é a única, e não estamos abertos ao valor que os juízos de outrem possam ter ou não.

Juízos de valor ao mesmo tempo nos servem e nos limitam. Servem-nos ao conferir um sistema de referências à nossa percepção; e limitam-nos na medida em que esse sistema de referências tem limites, e o que vemos através dele revela apenas parte do quadro. Assim, para administrar nossos juízos de valor precisamos primeiro ter consciência de quais juízos de valor estão atuando em determinada situação. Temos então de perguntar a nós mesmos: "Como este juízo de valor me serve e como ele me impõe limites?"

Podemos ter, por exemplo, o seguinte juízo de valor: "Meus filhos devem receber a melhor educação possível." Isso nos serve na medida em que os enviamos para a melhor escola que pudermos, lhes damos apoio e encorajamento nos estudos e fazemos sacrifícios pessoais em favor deles. Contudo, este juízo de valor pode limitar-nos na medida em que nos impede de perceber que nossa visão particular do que seria a melhor educação pode não valer necessariamente para eles.

Ou podemos acreditar que todos os administradores de uma organização deveriam participar anualmente de algum treinamento dentro da empresa. Isso pode servir à organização e à maioria das pessoas, assegurando a manutenção de um nível básico de aperfeiçoamento. Entretanto, é possível que nos impeça de perceber que, para alguns administradores, talvez esta não seja a melhor maneira de utilizar o tempo, seja porque o compromisso destes com o aperfeiçoamento supera aquele que a organização oferece, e estas pessoas seriam mais ajudadas se lhes fosse dado tempo para se desenvolverem à sua própria maneira, ou então porque alguns administradores não estão mais abertos para o aprendizado nem tampouco querem receber treinamento.

Depois de explorar de que modo um juízo de valor pode nos ajudar ou nos prejudicar, estamos em condições de considerar a pergunta: "Até que ponto sou o mestre deste juízo de valor, e até que ponto sou sua vítima?" Quando somos a vítima de um juízo de valor, ele controla nossa forma de ver, pensar e nosso comportamento — sem que tenhamos consciência disso. Ter domínio sobre um juízo de valor não significa eliminá-lo ou controlá-lo, mas sim percebê-lo como ele é: uma janela para o mundo. Reconhecemos de que maneira ele nos serve e nos limita. E assumimos a responsabilidade pelos efeitos que exerce sobre nós. Ter domínio sobre um juízo de valor significa *escolher* de que maneira ele influencia a nossa maneira de ver, de pensar, e o nosso comportamento.

Figura 4.6

Capítulo 5

Libertando a nossa Mente para Criar

Formular novas perguntas, novas possibilidades, considerar velhos problemas de um novo ângulo, exige imaginação criativa e caracteriza o verdadeiro progresso na ciência.

Einstein (1938)

Em geral, não percebemos a força de alguns dos nossos juízos de valor. Pense por um momento em alguma coisa a respeito da qual você tem fortes convicções — aborto, defesa nuclear, AIDS, drogas, religião, capitalismo, por exemplo. Com que intensidade você está apegado a essa crença particular? Quanto lhe custaria mudar de idéia e defender a opinião contrária? Na verdade, você seria capaz de mudar? Refletindo a respeito, você poderá sentir a força e a influência que os nossos juízos de valor têm sobre nós. É este bloqueio no nosso pensamento que impede nossa liberalidade e flexibilidade, aniquilando nossa criatividade.

Via de regra, conferimos tamanha importância aos nossos juízos de valor arraigados que nos agarramos firmemente a eles, como se nossa vida dependesse deles, como se fôssemos perder tudo caso os abandonássemos. Muitos são os exemplo da nossa relutância em deixá-los de lado. Certas pessoas podem estar tão convencidas de que precisam continuar ascendendo socialmente para serem felizes que se tornam neuróticas e trabalham num ritmo maluco, sem jamais alcançar a felicidade que procuram. Outras podem apegar-se ao juízo de valor de que a independência pessoal é fundamental e que seu mundo cairia aos pedaços sem ela.

Ter juízos de valor e apegar-se a eles é a mais humana das características. A maioria de nós provavelmente passa pela experiência de descobrir como a expectativa de que os outros deveriam agir como nós agimos nos aprisiona. Ao reconhecer como isso é ridículo, nossa reação natural é nos sentirmos mal e nos criticarmos. Mas isso não nos leva a parte alguma — só serve para tornar-nos ainda mais vítimas do nosso juízo de valor. Por outro lado, podemos, se assim o desejarmos, dominar a situação dando um passo atrás, sorrindo diante da facilidade com que nos deixamos aprisionar e começando a praticar a flexibilidade.

A verdade é que nos deixaremos aprisionar repetidas vezes. Quanto antes aprendermos a aceitar este fato e levar nossos juízos de valor menos a sério, mais livres estaremos para considerar os problemas com novos olhos.

98

Desafiando suposições

Via de regra, abordamos um problema através dos antolhos do passado, deixando de perceber possíveis novas dimensões ou outras maneiras de solucionar a questão. Automaticamente, nossa mente recorre a diversos juízos de valor, os quais podem ser suposições acerca do problema em si, suposições de como deveríamos solucioná-lo, suposições quanto à natureza da solução ou mesmo suposições acerca da própria solução. Em sua maior parte, esses juízos de valor são inconscientes, e em geral temos muita dificuldade até mesmo de perceber que estamos fazendo suposições, quanto mais retroceder o suficiente para indagar se eles são ou não válidos. Este é o calcanhar de Aquiles do administrador que se defronta com a necessidade de atuar criativamente.

Ralph Kilmann, em *Beyond the Quick Fix*, ressalta o papel fundamental das suposições ocultas na cultura corporativa e na tomada de decisões.

Suposições são todas as convicções tomadas como certas mas que, sob análise mais detida, podem se revelar falsas. Subjacente a qualquer decisão ou ação, existe um grande conjunto de suposições em geral não-ditas e não-examinadas. Se algumas dessas suposições se mostram falsas, então as decisões e ações tomadas provavelmente também serão equivocadas. As suposições retiram o valor de quaisquer que sejam as conclusões alcançadas. Não devemos permitir que nossas importantes decisões sejam influenciadas por fatores não-discutidos nem considerados. As suposições precisam ser reveladas, verificadas e atualizadas regularmente.

Em seu livro *The Dinosaur Strain*, Mark Brown discute esses efeitos restritivos dos juízos de valor e das suposições sobre nossa criatividade:

Muitas empresas estão presas aos padrões de idéias de ontem. Elas vêem ao mundo, seu mercado e seus clientes através de uma grade que era eficiente há cerca de dez anos. A velocidade de mudança sem precedente dos dias de hoje exige mentalidades que jamais se tornem endurecidas. A mente livre e inteligente é o que exige o mundo dos negócios; no entanto, mentalidades rígidas via de regra são a norma em muitas organizações.

Um bom exemplo de como juízos de valor demasiado rígidos podem nos levar a prejulgar o tipo de solução que buscamos, deixando de perceber as dimensões ocultas de uma questão, nos foi dado por uma empresa agrícola do Terceiro Mundo com a qual trabalhávamos. Líder na produção de massa de tomate no país, a empresa estava muito preocupada em conservar seu quinhão do mercado, em face da intensa competição. A equipe de administração acreditava que essa competição em termos de mercado era o cerne do problema. Por conseguinte, analisaram detidamente sua atual estratégia de marketing, buscando detectar áreas de fragilidade, imaginaram novos modos de implementar sua estratégia, incentivando o pessoal interessado para a aquisição de novas idéias. Ao fim desse período, a equipe estava prestes a implementar uma nova estratégia de marketing. Contudo, o diretor administrativo hesitava. Algo não estava certo. A princípio, ele não conseguiu identificar sua inquietação. Então, súbito, aconteceu — uma declaração quase herética: "Nosso produto simplesmente não tem a mesma qualidade do nosso concorrente principal, e as pessoas sabem disso."

Todos os presentes começaram a perceber que ele havia colocado o dedo na ferida. Conseguiram ver então a suposição oculta sobre o mercado. Embora estivessem certos ao considerar que seu produto vinha perdendo em termos de imagem, o problema fundamental era a qualidade. Todos se deram conta de que, no fundo, eles tinham conhecimento do problema da qualidade; mas como toda a discussão concentrara-se no mercado, simplesmente o problema não havia aflorado. Assim que ele foi colocado em pauta, a equipe passou a lidar com o verdadeiro problema.

Questionando suposições

Às vezes, nossas suposições podem ser válidas por si sós, mas ainda assim impedem-nos de perceber importantes dimensões da questão. Por esse motivo, tomar consciência de nossas suposições corretas é tão importante quanto reconhecer aquelas que são falsas.

Durante o trabalho com equipes de administração de projetos, nós as encorajamos, como parte do estágio de preparação, a levantar minuciosamente todos os elementos da tarefa, incluindo tudo o que precisa ser considerado. Feito isso, a equipe passa a analisar a relação entre os dados e a explorar os padrões e implicações subjacentes. Nesse estágio, as pessoas costumam estar de tal modo envolvidas com o problema que não vêem algumas das suposições básicas sobre as quais se fundamenta o projeto.

O diretor de uma empresa internacional de transportes queria ampliar seu negócio, criando um serviço de ambulância aérea de emergência, em parte para servir ao grande número de seus próprios empregados no exterior, em parte para diversificar o negócio, oferecendo um serviço a outros grupos internacionais que operavam nos mesmos países. Nesse sentido, encomendou um estudo do projeto, o qual confirmou que essa seria uma oportunidade financeiramente viável. Tomou assim a decisão de dar continuidade à idéia e, em conjunto com os colegas, começou a planejar a execução do projeto, examinando a necessidade de aviões, de apoio técnico, de uma equipe de funcionários, bem como a estratégia de marketing de outras empresas e os planos de investimento de capital.

Estávamos trabalhando com ele e começamos a procurar algumas das suposições inerentes ao projeto. A fim de questioná-las, fizemos uma série de indagações em cada uma das principais áreas do projeto, em particular a respeito do tema central: "Por que é importante ter direitos de pouso no Brasil central?" "Porque um dos nossos principais clientes em potencial tem sua maior mina nesse local." "Por que é importante servir a este cliente?" "Porque abriremos a porta para negócios em todo o mundo." "Por que querem implantar esse negócio em áreas de alta instabilidade?" "Porque aí os empregados são mais vulneráveis e necessitam mais de um serviço como o nosso. E é aí que podemos realmente maximizar nosso retorno do investimento." Eis aí uma suposição crucial, em torno da qual todo o projeto havia evoluído — a suposição de que um serviço de ambulância aéreo seria lucrativo nessas regiões.

Esta suposição não está necessariamente incorreta. Todavia, tê-la como fato inconteste impediu o diretor de perceber outras dimensões do projeto que precisavam ser levadas em conta. Uma vez reconhecendo que a viabilidade nesses países era uma suposição não questionada, alguns dos perigos associados ao empreendimento tornaram-se evidentes. Ele percebeu o alto risco de voar nessas regiões, a dificuldade de ter algum retorno em certos países, os custos inesperados de dirigir uma minicompanhia de aviação, possíveis problemas de manutenção e a possibilidade de competição proveniente de fontes inesperadas. Curiosamente, nenhum desses problemas fora levado em consideração na pesquisa, a qual levara em conta apenas a oportunidade do mercado. A suposição de que o empreendimento podia ser viável ocultara essas outras considerações — e, por paradoxal que possa parecer, colocara em risco a lucratividade do projeto. Considerando essas outras perspectivas, o diretor foi capaz de criar um negócio muito mais equilibrado e exeqüível.

A técnica de perguntar repetidas vezes "por quê?" é a chave para o questionamento de suposições ocultas, e nos encoraja a analisar mais detidamente uma questão e a descobrir as convicções mais profundas às quais nos aferramos.

Como nos exemplos acima, tais suposições podem ser demasiado estreitas, reduzindo a área na qual buscamos uma solução. Embora possam nos ser úteis no direcionamento dos nossos pensamentos e na criação de um objetivo, elas também tendem a limitar-nos, mascarando outras questões significativas que poderiam contribuir para uma solução melhor. Revelar essas suposições amplia o problema em nossa mente e cria um campo pronto para receber idéias novas e inesperadas.

101

Brainstorming *

Outra abordagem que visa ir além das suposições que possamos levar para determinado problema é a utilização do que se conhece comumente pelo nome de *brainstorming*. A intenção que está por trás do *brainstorming* é que as pessoas animem umas às outras com grande quantidade de idéias espontâneas e arrebatadas, e desta forma surjam novas soluções que ninguém teria imaginado individualmente. Um princípio fundamental do *brainstorming* é não ser crítico em especial com as idéias que a mente racional considera impraticáveis. São essas idéias malucas que, via de regra, conseguem deflagrar idéias menos malucas, as quais por sua vez podem disparar soluções viáveis que jamais teriam surgido se o grupo se ativesse apenas às idéias sensatas.

Para liberar as idéias do grupo, uma forma muitas vezes eficaz consiste em incluir pessoas que não conhecem muito bem o problema, e que, por conseguinte, não estão demasiado apegadas ao tipo de solução que irá ou não funcionar. Os participantes são encorajados a deixar de lado a seriedade e a não julgar se uma idéia tem algum valor ou não. Todas as sugestões são anotadas e as pessoas são incentivadas a criar em cima das idéias dos demais.

Inúmeras são as variações do *brainstorming* básico, e cada uma delas pode ser útil na elaboração de novas soluções para um problema. A maioria, contudo, tem uma limitação básica, qual seja, não fazer com que as pessoas abandonem todos os seus juízos de valor em relação ao problema sobre o qual estão trabalhando, ou o tipo de solução que estão buscando. Como resultado, essas pessoas podem deixar escapar muitas idéias novas. Certas pessoas também sentem dificuldade em deixar de julgar as soluções malucas. A necessidade de solução continua em seu pensamento, e a parte "séria" da mente, orientada para o problema, muitas vezes afirma: "Sim, mas... isso não passa de uma solução insensata... não vai levar a parte alguma." Assim refreiam a capacidade de conseguir as idéias mais valiosas possíveis numa sessão de *brainstorming*.

Livre de juízos de valor

No nosso próprio trabalho em equipes de administração, fomos um estágio além das técnicas tradicionais de *brainstorming*, adaptando processos desenvolvidos por Mark Brown, processos sinéticos e outros. Em nosso processo, os participantes nem mesmo tentam solucionar o problema em

---

* Sugestões de idéias em debate livre (N.T.).

questão. Ao contrário, trabalham em um problema completamente fictício e maluco — o qual, no entanto, guarda semelhança com a questão em pauta.

Definindo a essência do problema

O primeiro estágio consiste em formular o problema claramente e de maneira aberta, sem excluir determinados tipos de solução. Um administrador considerou de início que o problema com o qual se defrontava estava criando novas posições na administração para alguns dos seus jovens e brilhantes engenheiros. Mas quando indagado a respeito do porquê ele replicou: "Para que eu possa coordenar as atividades de uma equipe de planejamento multidisciplinada." Como alcançar tal coordenação é, sem dúvida, uma formulação bem mais aberta, que poderia levar a uma gama maior de novas idéias. Outra pessoa, na tentativa de solucionar o problema da "comunicação insatisfatória", redefiniu-o e tornou-o mais específico, indagando: "Como posso facilitar melhor a comunicação e obter melhor retorno numa estrutura de empresa altamente hierárquica?"

Problemas absurdos

Obtida uma definição sucinta e aberta, o segundo estágio consiste em elaborar um novo problema fictício sem relação direta com o problema em questão, mas cuja natureza subjacente é semelhante. Assim, o problema de como coordenar as atividades de uma equipe de planejamento multidisciplinada poderia ser traduzido da seguinte maneira: "Como fazer com que uma pilha de pedras cante com afinação?" E o problema de como facilitar a melhor comunicação e resultados numa grande estrutura hierárquica de empresa poderia ser transformado na seguinte questão: "Como um polvo acumula grãos de ouro?" As perguntas podem parecer ridículas e irreais, absurdas e bem distantes do verdadeiro problema. Entretanto, é exatamente este o seu valor. Por serem tão diferentes do problema, a mente mostra-se bem menos propensa a julgar (consciente ou inconscientemente) se determinada idéia é de fato viável ou não. O importante é que o problema fictício tenha algumas semelhanças gerais com o problema real.

Problemas fictícios

Depois de detectar um problema bom e "novo", o grupo se dispõe a solucioná-lo. Em primeiro lugar, faz uma lista de todas as possíveis causas desse problema; todos os motivos pelos quais uma pilha de pedras não canta em harmonia, ou por que um polvo encontra dificuldade para juntar ouro em pó. Os motivos não precisam ser realistas — afinal, o problema em si não é mais realista. Quanto mais insanos forem os problemas, mais livres estará a mente dos grilhões do problema original. "Nunca tiveram aula de canto", "as laringes estão inflamadas", "têm medo de parecer loucas" e "são completamente surdas" são todos "bons" motivos pelos quais uma pilha de pedras não consegue cantar afinadamente. Um grupo bem-humorado e descontraído em geral produz mais de uma centena de "bons" motivos para justificar o problema fictício.

Quanto mais humor nesse estágio, melhor. Não raro, o grupo dobra-se de tanto rir durante uma hora ou mais, à medida que as pessoas vão soltando suas idéias e produzindo análises cada vez mais divertidas para o problema. Em geral, as pessoas comentam que nunca tinham rido tanto na vida — e às vezes no dia seguinte estão com os músculos do abdômen doloridos de tanto rir (enquanto outros grupos no mesmo hotel ou centro de treinamento se perguntam o que pode haver de tão engraçado num seminário de pensamento criativo).

Soluções inusitadas para um problema estranho

Depois de fazer uma lista de todas as possíveis causas, o grupo analisa cada uma delas e tenta encontrar uma ou mais soluções. Por exemplo, para ajudar as pedras surdas a ouvir, poderiam adaptar aparelhos auditivos poderosos. Ou, para superar o medo de parecerem loucas, poderiam, em primeiro lugar, ser polidas. Mais uma vez, o senso de humor é fundamental; o excesso de seriedade apenas limita o número de soluções possíveis que o grupo é capaz de produzir.

Concluída esta fase — que pode durar de uma a duas horas —, em geral, os participantes estão de tal forma envolvidos com o problema fictício que o problema real está bem distante de suas mentes. Vez ou outra deve-se mesmo lembrá-los de que toda essa loucura e esses risos têm um propósito; encontrar novas abordagens para o problema original.

Gatilhos para o problema real

O próximo estágio consiste em utilizar essas soluções do problema fictício para deflagrar idéias para o problema real. Assim, colocar aparelhos auditivos nas pedras pode disparar a idéia de que computadores sejam interligados através de um pacote de comunicações, ou que todos eles utilizem o mesmo modelo de *software*, ou que o diretor procure maneiras mais claras de expressar suas intenções. A idéia de polir as pedras pode levar à sugestão de que a equipe deve freqüentar um aprendizado de habilidades interpessoais, ou identificar e remover os conflitos entre indivíduos, ou ainda ressaltar as qualidades e talentos incomparáveis de cada membro, de forma que possam ser utilizados pela equipe como um todo. Importa neste estágio não traduzir as soluções fictícias diretamente para possíveis soluções reais, mas saborear cada uma mentalmente e ver que novas introvisões elas deflagram.

Como testar as novas idéias

Por fim, feita a lista de todas as possíveis soluções para o problema real, o grupo passa à fase de elaboração do processo criativo. Afinal, chegou o momento de descartar todas as que claramente não têm chances de sucesso, conservar as que podem merecer uma análise melhor e identificar as que parecem oferecer soluções em potencial. Nessa última categoria pode haver de cinco a vinte idéias, e destas, três quartos podem ser de idéias que teriam sido obtidas através das abordagens de solução de problemas habituais.

A vantagem dessa abordagem está na obtenção de outras idéias que jamais teriam sido imaginadas. Isso acontece porque esses processos nos encorajam a permitir que nossa mente inconsciente se manifeste, e não deixam que nossos juízos de valor bloqueiem o nosso pensamento.

Quanto mais levemente encararmos nossos juízos de valor, menos o nosso pensamento será condicionado pelo passado e mais capazes seremos de apreciar a verdadeira mágica de ver com olhos novos. Isso se aplica não apenas à solução de problemas, mas também à administração criativa da nossa vida como um todo.

À medida que nos libertamos, começamos a perceber que existem muitas outras áreas de desafio em que continuamos a viver do passado. A forma como reagimos à mudança por si só pode criar fardos e barreiras desnecessários para a nossa criatividade.

Capítulo 6

O Desgaste da Criatividade

Minha vida está nas mãos de qualquer tratante que decida me molestar ou me aborrecer.

Dr. John Hunter (c. 1790)

As pessoas não se deixam transtornar por fatos, mas pela visão que têm deles.

Epicteto (século I d. C.)

Nossa criatividade está claramente relacionada com nosso estado mental. A mente repousada, viva, alerta, questionadora e receptiva costuma ser mais criativa que a mente cansada, tensa, deprimida, ansiosa e resignada. Por conseguinte, facilitar nosso fluxo criativo também inclui cuidar do nosso estado mental e do nosso bem-estar interior.

O impedimento mais comum, e provavelmente o mais sério, para um estado mental criativo é o excesso de pressão e a tensão dela resultante. A pressão e a excitação podem ser úteis na fase de preparação, e às vezes na execução; entretanto, os processos mais impalpáveis de incubação e introvisão são ocasiões em que queremos nos livrar da pressão, a fim de permitir que nosso conhecimento interior aflore.

Existe aí uma triste ironia. As próprias situações nas quais mais precisamos recorrer aos nossos recursos criativos via de regra são aquelas em que mais experimentamos a pressão. Estas podem ser a pressão dos prazos de entrega, das responsabilidades, da expectativa das outras pessoas, as preocupações financeiras, os problemas domésticos ou as dificuldades para sustentar uma jovem família. Seja qual for a causa, o efeito em geral é o cansaço e o desânimo, e não a abertura e o relaxamento. Como resultado, nossa criatividade sofre exatamente quando mais precisamos dela.

O mesmo acontece em escala bem mais ampla. A constante aceleração da velocidade de mudança submete-nos à pressão sempre maior para que tomemos decisões rápidas, levando-nos a reagir de acordo com antigos juízos de valor. Parece não haver tempo para a criatividade — e isso exatamente nos momentos em que deveríamos dar um passo atrás, a fim de reunir tanto quanto possível todo o nosso potencial criativo.

Se quisermos enfrentar os desafios à nossa frente — como indivíduos, como organização ou como espécie — torna-se imperativo não apenas aprender a administrar nossos próprios processos criativos, como também

106

aprender a suportar a crescente pressão e o estresse por ela criado. Ou, melhor dizendo, a arte de administrar o estresse tornar-se-á essencial à nossa sobrevivência.

Estresse — Perigo e oportunidade

Os custos e as conseqüências do estresse já são inestimáveis. Além de ser um impedimento para a nossa criatividade, ele causa profundo impacto em nossa saúde. Os médicos estimam que entre 50 e 75% dos problemas de saúde são causados por estresse ou são significativamente agravados por ele. Muitos diriam que a porcentagem é ainda maior. Uma simples infecção virótica, como um resfriado comum, à primeira vista pode parecer não estar relacionada com o estresse. Mas hoje já se sabe que o estresse pode prejudicar o sistema imunológico. Assim, a possibilidade de um vírus instalar-se ou não no organismo pode ter relação direta com o estresse.

O estresse também afeta a nossa vitalidade, a nossa expectativa de vida, nossos relacionamentos, nossa capacidade de ouvir e impor-se, nossa abertura para as outras pessoas, nossa energia física, nossa percepção, nossa estabilidade emocional, nossa tendência ao erro e nossa propensão a acidentes. Praticamente, inexiste uma área da vida que não sinta o impacto do estresse, nem tampouco existe uma pessoa que não seja afetada por ele de uma forma ou de outra. O estresse é, em grande medida, a epidemia do nosso tempo.

Embora o estresse seja uma grave ameaça, ele também contém uma oportunidade oculta. À medida que passamos a compreender os mecanismos internos das nossas reações à pressão, percebemos que o estresse é outro sintoma de um problema subjacente e mais geral — juízos de valor, expectativas e suposições inadequadas. Assim, o estresse também nos oferece uma entrada para nossos mundos interiores. Podemos começar a perceber mais claramente como o nosso bem-estar está à mercê da nossa forma de pensar e ver as coisas. À medida que descobrimos mais sobre esta dinâmica interior, podemos aprender a ter uma escolha maior em nossas respostas, tornando-nos desta maneira os mestres dos nossos juízos de valor. Além de ajudar a manter um estado físico e mental mais saudável, controlar nosso estresse também pode levar a uma valorização maior da nossa natureza íntima, ajudando-nos a liberar nossos próprios recursos e a reagir com mais flexibilidade à mudança.

Estresse e pressão

O tema do controle do estresse costuma trazer à tona a seguinte pergunta: Um pouco de estresse não é útil? O estresse pode tornar-nos mais dinâmicos; pode deixar-nos mais alertas; pode concentrar a mente; e pode trazer harmonia física, emocional e mental à nossa vida. Sem o estresse, não seríamos todos apáticos e fracos?

Embora a pergunta pareça simples, as respostas das pessoas diferem consideravelmente. Algumas concordam com esses sentimentos, outras consideram qualquer tipo de estresse prejudicial. Essas diferenças são causadas, em parte, porque a palavra "estresse" não é claramente definida no que se refere aos seres humanos. O termo foi tomado de empréstimo da física, onde o estresse ou tensão é definido como "pressão externa aplicada a um objeto". A mudança resultante no objeto é chamada de "deformação". Assim, a pressão exercida sobre uma prancha de madeira é o estresse; o arqueamento da madeira é a deformação. Quando aplicamos a palavra às pessoas, entretanto, misturamos os dois termos. Utilizamos "estresse" para referir-nos às pressões a que somos submetidos e aos efeitos destas sobre nós.

Ao perguntar se algum estresse é útil, na verdade estamos perguntando se alguma pressão é útil ou não. A resposta é "Sim". Se não tivéssemos a pressão dos prazos de entrega, a pressão das exigências e expectativas das outras pessoas, a pressão da mudança, ou a pressão das nossas próprias motivações e critérios, não realizaríamos tanto. Todos temos necessidade do estresse no sentido de pressão. Mas não precisamos que nossa saúde, vitalidade e criatividade sofram como resultado — isto é, não precisamos da "deformação".

Esta abordagem do estresse pode ser resumida no modelo simples mostrado na Figura 6.1. Se as exigências a que somos submetidos são reduzidas, talvez não haja deformação perceptível. Com o aumento dessas exigências, alcançamos um ponto crítico, além do qual começamos a sentir alguns efeitos colaterais indesejáveis. É aí que passamos a sentir que estamos sofrendo de "estresse".

Figura 6.1

Esse limiar de estresse varia de pessoa para pessoa. O que para determinada pessoa é uma exigência fácil de administrar, para outra pode produzir inúmeros efeitos colaterais indesejáveis. O limiar também varia dentro de cada indivíduo. O que em determinado momento pode ser experimentado como profundo estresse, em outra ocasião, ou em outras circunstâncias, pode ser apenas uma pressão leve, sem efeitos colaterais.

Dessa forma, para cada um de nós o desafio consiste em descobrir a maneira de funcionar sob pressão, sem sofrer efeitos colaterais indesejáveis em nosso pensamento, em nossos sentimentos, em nosso comportamento e em nossos corpos. Como permanecer abaixo (ou não muito acima) do nosso limiar pessoal, bem como manter esse limiar tão elevado quanto possível?

A reação do estresse

Antes de explorar a melhor maneira de administrar a nós mesmos, devemos primeiro analisar a "reação do estresse" em si, e os mecanismos através dos quais as pressões podem nos levar aos diversos efeitos colaterais indesejáveis. Dos vários modelos utilizados para compreender essa reação, aquele que consideramos mais útil e que melhor ilustra os processos interiores em ação é um modelo de cinco estágios, resumido abaixo e na Figura 6.2.

As exigências que provocam a reação podem originar-se de inúmeras e diferentes situações. Incluem-se aí a hora do *rush* no trânsito, uma viagem, tumulto, perda do emprego, um novo emprego, sentir-se criticado, burocracia governamental, pressões de tempo, responsabilidades em demasia, muito pouca autoridade, excesso de trabalho, subemprego, música alta, finanças pessoais, mudar de casa, um novo cônjuge, divórcio, educação dos filhos, doença ou morte na família, feriados, fome, fadiga, insônia, interrupções, conflitos interpessoais, expectativas frustradas, "empacar" em um problema ou perder o controle. Em suma, ao que parece, praticamente tudo causa estresse.

Mas por que essas situações são causadoras de estresse? Por exemplo, você pode ser uma daquelas pessoas que fica tensa num engarrafamento. Por quê? Sob certos aspectos, você se encontra no tipo de situação pela qual provavelmente mais ansiou durante o dia. O telefone não toca, não apareceram pessoas com problemas para serem solucionados, não há papéis para serem assinados, nem tampouco reuniões para comparecer. Você está em uma cadeira confortável, pode ouvir a música de sua escolha, ouvir rádio, ajustar a temperatura como melhor lhe convier, acomodar-se na cadeira e relaxar. Está aquecido, finalmente sozinho e com tempo para pensar, tudo o que desejou ao longo do dia. Um engarrafamento nada tem de fisicamente estressante.

Figura 6.2 Modelo esquemático da reação de estresse

Você considera essa situação como causadora de estresse porque a tem como uma ameaça em potencial para seu bem-estar, algo que pode causar-lhe dificuldade e aflição. O que acontecerá se eu não conseguir comparecer ao compromisso? Ficarei desacreditado? Perderei o contrato? Perderei o emprego? O que acontecerá se chegar em casa atrasado para o aniversário do meu filho? O que farei se perder o avião?

Outra pessoa, presa exatamente no mesmo engarrafamento, talvez não se sinta ameaçada. Poderá considerar essa uma oportunidade bem-vinda para relaxar, para ter algum tempo para si, para ditar uma carta, para pensar num problema, para pensar em qual presente comprar para o filho, ou poderia até mesmo sentir alívio por ter uma boa desculpa para perder o avião. Essa pessoa não considera o engarrafamento como fonte de estresse.

Reação de fuga ou de luta

Quando você percebe a situação como uma ameaça, o corpo responde automaticamente da única maneira que sabe. Prepara-se para a ação instantânea. Isso é conhecido como "reação de fuga ou de luta". O corpo prepara-se para fugir ou combater a ameaça. A adrenalina é bombeada para o corpo, a velocidade dos batimentos cardíacos e a pressão sangüínea aumentam, a respiração acelera, os músculos ficam retesados, a pele começa a liberar suor e os açúcares são liberados para o sangue, a fim de fornecer mais energia. Os sentidos ficam plenamente alertas.

Esta reação seria bastante oportuna se estivéssemos prestes a ser atropelados por um ônibus ou atacados por um cão enfurecido. Precisaríamos nos deslocar instantânea e rapidamente. Contudo, a maioria das ameaças às quais somos expostos não são ameaças físicas que exigem ação rápida. São ameaças psicológicas que exigem nenhuma ou pouca ação física imediata. Ainda assim, é deflagrada a mesma resposta de fuga ou luta. Podemos perceber o nosso coração batendo acelerado, as palmas das mãos suando e os músculos retesados apenas porque alguém nos ofendeu, porque precisamos apresentar um orador no clube local, porque nossa secretária adoeceu ou porque a Bolsa de Valores está de novo em baixa.

O corpo preparou-nos para correr o mais depressa possível, para nos "colocar a salvo", ou para "lutar até a morte". Mas em praticamente todas as circunstâncias nas quais essa reação é disparada, essa resposta não é apropriada nem desejável. Em outras palavras, houve um alarme falso. Assim, prosseguimos com o nosso dia e o corpo tem de se recuperar e retomar seu estado normal. Isso pode levar de minutos a horas, dependendo da intensidade da reação.

Se essas reações desnecessárias se dessem apenas ocasionalmente, não trariam maiores problemas. Contudo, muitos de nós não têm tempo de se recuperar de uma pequena quantidade de reação de fuga ou luta antes que a seguinte aconteça. Quando este padrão se repete várias vezes ao dia, o corpo acaba em permanente estado de emergência — embora na maior parte das vezes não haja de fato uma emergência.

É isto o que torna o estresse um perigo para a saúde. Virtualmente, todo órgão do corpo é influenciado por essa resposta. Quando ela continua, mês após mês, o nosso sistema físico naturalmente se esgota e acaba funcionando mal.

Além do mais, está em ação um lamentável círculo vicioso. Quanto mais tensos ficamos, mais vulneráveis nos tornamos à tensão. Quanto mais fraco o nosso sistema, menor o nosso limite de tensão. O que antes teria sido uma pressão tolerável torna-se um fardo intolerável, e em casos extremos pode levar a um colapso. É isso que faz um administrador equilibrado e racional despedir a secretária porque o café estava frio!

Primeiros sinais de alerta

Evidentemente, se quisermos controlar com sucesso nossas reações à pressão crescente, não poderemos esperar que esses sinais sérios de estresse se manifestem. Precisamos perceber o quanto antes os indícios de incapacidade de suportar a tensão. Os sintomas de tensão são os mais variados, mas identificados de início, podem constituir valiosos sinais de que superamos nosso limite pessoal de estresse.

- Em termos físicos, podemos apresentar sintomas como dor de cabeça, indigestão, palpitações do coração, falta de fôlego, resfriados freqüentes ou recorrência de infecções antecedentes, suscetibilidade a alergias, suor excessivo, punhos crispados, mandíbula tensa, desmaios, músculos contraídos, náusea, cansaço, constipação ou diarréia, dores vagas, perda ou ganho de peso repentinos, erupções da pele e irritações.

- Em termos mentais, podemos surpreender a nós mesmos pensando com menos clareza, indecisos, cometendo erros, esquecidos, menos intuitivos, sem concentração, distraindo-nos com facilidade, menos sensatos, tomados de insistentes pensamentos negativos e sofrendo pesadelos e maus sonhos, tomados por pensamentos imediatistas, mais preocupados ou tomando decisões apressadas.

- Emocionalmente, os sintomas são: irritação, raiva, alienação, paranóias brandas, nervosismo, apreensão, desânimo, depressão, ansiedade, preocupações exageradas, falta de objetivo, perda de confiança, tensão, diminuição da satisfação, falta de sentido, esgotamento, falta de entusiasmo, de motivação, perseguição, perda da auto-estima, cinismo, humor impróprio ou insatisfação no trabalho.

- Em nosso comportamento, podemos perceber que estamos insociáveis, inquietos, incapazes de ver as coisas com clareza, sem ou com excesso de apetite, realizando menos, desinteressados pelo sexo (ou abusando dele), propensos a acidentes, dormindo mal, com insônia, dormindo demais, dirigindo mal, mentindo, bebendo mais, fumando mais, confundindo nossas palavras, levando mais trabalho para casa, muito ocupados para relaxar, incapazes de administrar bem o tempo, não cuidando de nós mesmos, afastando-nos de relacionamentos acolhedores, ou passando por maiores problemas em casa.

Individualmente, qualquer um desses sintomas não mereceria muita atenção, e poderíamos facilmente descartá-los. Juntos, podem nos oferecer um bom quadro do nosso bem-estar geral. Uma pessoa relativamente saudável, que suporta bem as pressões da vida, pode apresentar de cinco a dez desses sinais. Se você tem entre dez e vinte sinais, a pressão obviamente começa a indicar algo mais que um número saudável de efeitos colaterais. Se você está com um número ainda maior, com toda probabilidade você precisa levar a sério os avisos suaves do seu corpo.

Um administrador jovem e ambicioso de um departamento de pesquisa totalizou mais de quarenta itens das listas acima. Assim como a maior parte das pessoas com uma contagem alta, ele sabia o que estava lhe causando tanta tensão. No caso dele era o relacionamento desagradável que havia criado com o patrão, particularmente pelo fato de nenhum dos dois ter falado abertamente sobre a questão. Ele se sentia encurralado, incapaz de resolver a questão e resignado a permanecer num ambiente de trabalho difícil.

Três meses depois, ao contar de novo o número de primeiros sinais de alerta, ele percebeu que sua contagem aumentara mais cinco pontos. Como seria de esperar, ficou assustado. E isso o levou a assumir a responsabilidade de mudar a situação. Depois de enfrentar o problema com o patrão, conseguiu uma transferência para outra divisão, onde sabia que receberia apoio. Seis meses mais tarde, o número de sinais reduzira-se para menos de trinta — ainda alto, mas estava melhorando.

Esses sinais não só o ajudaram a atacar este conflito específico, como também fizeram-no perceber a necessidade de lidar com questões pessoais mais profundas — sua própria atitude com a autoridade e nos relacionamentos, seu senso de auto-estima e de propósito. Usando desta oportunidade, ele dedicou algum tempo para trabalhar consigo mesmo, e nos dois anos seguintes chegou a um acordo com essas questões.

Ficar sempre atento a esses primeiros sinais de alerta constitui uma forma útil de controlar suas próprias reações às pressões a que se é submetido — sobretudo quando estas aumentam. A lista acima pode ser usada para tomar mensalmente a "temperatura de seu estresse". Observe qual é sua contagem normal e fique bastante atento quando o número de sinais começar a aumentar. Você também pode perceber em qual categoria está a maioria dos sintomas. Isso varia de pessoa para pessoa, e indica em que área de sua vida você tem maiores probabilidades de perceber o impacto do estresse.

O estresse e a nossa atitude diante da vida

Apesar de todo o conhecimento sobre a fisiologia do estresse e seus efeitos, estamos apenas começando a tomar consciência do papel que nossos pensamentos e sentimentos representam na criação do estresse. Uma das áreas na qual esta relação vem se tornando muito aparente é em nossa saúde, particularmente na saúde do coração. James Lynch, autor de *The Broken Heart*, escreveu em seu livro mais recente, *The Language of the Heart*:

As estatísticas médicas sobre a perda da consciência humana, a falta de amor e a solidão humana revelaram rapidamente que a expressão *coração partido* não é apenas uma imagem poética para a solidão e o desespero, mas uma realidade médica esmagadora. Todos os dados apontam a falta de convivência humana, a solidão crônica, o isolamento social e a perda repentina de um ente querido como os principais causadores de morte prematura nos Estados Unidos. E embora tenhamos descoberto que os efeitos da solidão humana encontram-se virtualmente em todas as grandes doenças — câncer, pneumonia ou doenças mentais — eles são particularmente visíveis na cardiopatia.

Outro fator que parece agravar a doença cardíaca é a nossa abordagem geral da vida. Há quase trinta anos dois cardiologistas, Meyer Friedman e Ray Rosenman, criaram a expressão personalidade "Tipo-A" para descrever o tipo de pessoa que está sempre tentando realizar mais e mais rápido. Os tipos-A preocupam-se com a velocidade, com o desempenho e a produtividade. Costumam ser agressivos, impacientes, intolerantes, trabalham muito e estão sempre com pressa. Descobriu-se também que têm maior propensão aos ataques cardíacos.

Por trás desse comportamento encontra-se um padrão de atitudes. As pessoas do tipo-A tendem a preocupar-se com o tempo. São ansiosas para começar, para terminar, nunca querem perder tempo e têm aversão a filas. Mostram também uma forte tendência competitiva, estabelecendo elevados padrões para si próprias, sempre querendo ter êxito e ser vistas como bem-sucedidas. Em resumo, preocupam-se com a eficiência, estão envolvidas com uma luta crônica e incessante para realizar sempre mais e em menos tempo.

Essas atitudes não são de todo más. O mundo de hoje precisa de pessoas que sejam eficientes, que lutem pela excelência, que cresçam com a competição e façam as coisas no seu devido tempo. O problema surge quando tais atitudes estão em desequilíbrio. A pessoa do tipo-A torna-se uma vítima dessas características e permite que elas governem áreas de sua vida onde não são indicadas. Desta forma, o tipo-A torna-se facilmente competitivo enquanto brinca com os filhos. Nas férias ele tentará fazer o máximo possível a cada dia, esquecendo-se como é não ter pressa. Ele tornou-se viciado em eficiência e realização.

Considerando-o de uma perspectiva mais ampla, o modelo do tipo-A reflete algumas das atitudes e valores mais extremos, subjacentes à crise em que a humanidade se encontra como um todo. Como já vimos, esta crise é estimulada por fixação com o crescimento, pela preocupação com eficiência, pelo desejo de controlar o mundo, pela deificação da lógica e da racionalidade, pela preponderância dos valores masculinos e pela relutância em lidar com as emoções e as dimensões ocultas da vida. Poderíamos dizer que a sociedade ocidental tornou-se uma sociedade de tipo-A. E embora nem todos sejamos fortes tipos-A, provavelmente existem áreas em nossas vidas nos quais este padrão se manifesta.

Como a velocidade da mudança continua a aumentar, as pressões para que todos nós sejamos mais rápidos e eficientes continuarão a aumentar. Controlar nossas atitudes de tipo-A e não permitir que assumam o controle da nossa vida tornar-se-á, por conseguinte, uma necessidade cada vez mais premente.

Contudo, reduzir essas tendências não é apenas uma questão de modificar o comportamento. Logo as pessoas percebem que isso não dura muito. Se quisermos evitar esta armadilha, temos de explorar e modificar as atitudes e valores íntimos que fundamentam esses padrões de comportamento. Uma boa maneira de fazê-lo consiste em fazer a nós mesmos algumas perguntas simples mas profundas que podem ajudar-nos a nos afastar dos juízos de valor que perpetuem a atitude tipo-A e olhar a vida com novos olhos:

O que eu quero realmente?
Por que estou agindo assim?
O que é mais importante para mim?
Qual é o meu sonho na vida?
Para que serve o tempo?
Isso é mesmo tão urgente?
Qual a pior coisa que poderia acontecer?
Isso terá importância daqui a dez anos?
Como eu olharia para isso se tivesse apenas seis meses de vida?

Como evitar o colapso

Algumas pessoas têm a sorte de optar por dar um passo para trás antes que os efeitos do estresse predominem e o círculo vicioso se instale. Outros não têm a mesma sorte. Estão de tal maneira envolvidos que são incapazes de ajudar a si próprios.

Na Inglaterra, um veterano funcionário do Serviço de Saúde Nacional lutava há dez anos para oferecer um serviço de saúde de alto nível aos pacientes; lutava contra a redução do efetivo, do orçamento e com uma equipe cada vez mais desmotivada; ainda por cima tinha de se defrontar com uma administração veterana que não compartilhava dos mesmos valores. Outros teriam desistido e optado por uma posição no setor privado, mas esta opção não constava dos planos deste funcionário. Ele estava demasiado comprometido com sua equipe e com a realização de um trabalho perfeito e profissional, e devotara-se a ajudar as outras pessoas. Para agravar suas dificuldades, passava por problemas pessoais. Sentia-se cada vez mais só, mas ao mesmo tempo sentia-se tão exaurido que não lhe restava tempo para qualquer atividade social. Envolveu-se cada vez mais com o trabalho e isso o levou a um maior isolamento.

Há cerca de cinco anos, ele percebeu que precisava fazer algo para melhorar sua situação. Tentou tirar férias prolongadas para aliviar a pressão, mas isso só lhe trouxe um acúmulo de trabalho ao voltar ao seu posto. Reestruturou as responsabilidades na sua seção, o que lhe trouxe mais problemas com o pessoal. Freqüentou diversos cursos de administração sênior, na tentativa de aprender novas formas de lidar com a crise. Ainda assim, os problemas continuaram.

Durante este período, seu trabalho continuava a ser considerado bom e chegou mesmo a receber diversas promoções, com responsabilidades adicionais. Exteriormente tudo parecia bem; mas interiormente crescia a perturbação e o pânico. Nada que ele fizesse parecia aliviar a pressão.

Mais dois anos e ele entrou em colapso. Sofreu um ataque cardíaco menor e, por fim, viu-se forçado a admitir que não podia mais agüentar. Nos meses seguintes, começou a dar um passo atrás e analisar o que estivera fazendo; lentamente, passou a perceber que as verdadeiras mudanças que precisava fazer eram internas e não externas — mudanças em suas atitudes e na sua forma de ver a vida como um todo.

Da fadiga à exaustão

Peter Nixon, cardiologista em Londres, dedicou muitos anos ao estudo do efeito da pressão crescente sobre o comportamento humano; ele descreveu a rota tomada pelas pessoas, passando pela fadiga e a exaustão, até chegarem ao colapso.

No caso de fadiga saudável, a pessoa reconhece que está cansada porque trabalhou muito e dormiu pouco, e pode recuperar o equilíbrio com uma ou duas boas noites de sono. Entretanto, quando pessoas já fatigadas se defrontam com exigências adicionais, em geral supõem-se capazes de acomodar essas pressões extras esforçando-se um pouco mais. Se ainda não tiverem chegado ao ápice da sua curva, o desempenho poderá melhorar. Mas se seu desempenho já está no seu máximo, em vez de continuar como seria de esperar na direção da linha pontilhada na Figura 6.3, elas verão seu desempenho decrescer.

Estas pessoas entram no círculo vicioso da exaustão. Tornam-se cada vez mais cansadas, seu desempenho decresce cada vez mais, esforçam-se ainda mais e ficam mais exaustas. Tornam-se irritadas e desesperadas à medida que mergulham mais e mais na armadilha, da qual não conseguem ver saída. Sabem que as coisas não vão bem, mas vêem a causa de seu sofrimento no mundo à sua volta e nas outras pessoas. Vítimas de sua própria condição, consideram praticamente impossível fazer alguma coisa para ajudar a si mesmas.

Se as exigências adicionais forem breves, a pessoa pode retornar à fadiga saudável; se forem prolongadas, o bem-estar dessa pessoa se deteriora cada vez mais, levando, ao longo dos anos, à doença e a um eventual colapso.

Nixon descobriu que a primeira medida crucial antes de dar início ao tratamento propriamente dito é um período de sono prolongado — em geral de quinze horas por dia, durante vários dias. Só então essas pessoas estarão prontas para se afastar da situação e reconhecer as atitudes e crenças que acarretaram esta situação extrema, e começar o lento processo de olhar para si mesmas e para suas vidas com novos olhos.

Embora com certeza você não esteja nesta condição — se estivesse, não teria tempo para ler este livro — todos nós temos o que aprender com o presente modelo. Precisamos reconhecer nossos próprios níveis de fadiga e dedicar algum tempo ao repouso, em vez de dormir ao longo de semanas, quando a exaustão realmente vier a se estabelecer. Quanto mais acelerada for a nossa vida, tanto mais importante é observar isso. Se nos deixamos dominar pela velocidade crescente que nos cerca, ficaremos mais e mais fatigados. Se quisermos preservar nossa vivacidade e estabilidade interior,

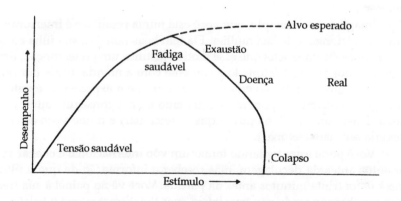

Figura 6.3 "A curva da função humana" de Peter Nixon

teremos de equilibrar atividade e repouso. Contudo, as ocasiões em que mais necessitamos de descanso costumam ser aquelas em que menos dispomos de tempo. Mas se não mantivermos esse equilíbrio e frescor interior, teremos parcas possibilidades de nos tornarmos mais criativos. Mais provavelmente, submergiremos na mudança.

Isso tudo está na mente?

Conservar a estabilidade interior também é uma questão de como encaramos as coisas. Como no caso de um engarrafamento, a mesma situação pode causar forte reação de estresse em uma pessoa e pequena reação em outra. Evidentemente, sentir estresse ou não depende em parte da situação e em parte de como a encaramos. Se considerarmos o que está acontecendo como uma ameaça potencial ao nosso bem-estar, deflagramos uma reação de estresse. No entanto, como este aspecto do processo é, em grande medida, inconsciente, via de regra não chega a ser percebido, e pensamos que a tensão externa é a única causa do nosso sofrimento. Por isso é tão importante o segundo passo no modelo da Figura 6.2; ele elucida os mecanismos íntimos que estão por trás de grande parte do nosso estresse aparente.

A "causa" de muitas das nossas reações de tensão é uma combinação da situação em que estamos e da forma como a percebemos. Quando percebemos um conflito entre a maneira como são as coisas e como acreditamos que deveriam ser, podemos, se estivermos demasiado apegados à nossa crença, começar a nos sentir ameaçados. A nossa incapacidade de lidar com este conflito interno está no âmago de grande parte do nosso estresse.

Imagine, por exemplo, que você está numa reunião e é interrompido por um telefonema de sua mulher. Ela tem boas notícias: sua filha passou nos exames. Se você acha que esse motivo justifica uma interrupção, ficará satisfeito por ela ter telefonado e contente com a novidade. Se, por outro lado, acha que ela não deveria telefonar durante o expediente, exceto em emergências terríveis, poderá ficar irritado e nem conseguir ouvir a boa nova. Existe um conflito entre o que é (telefonar) e o que você acha que deveria ser (não telefonar).

Você pode estar tentando tomar um vôo internacional e chegar vinte minutos antes da decolagem, mas receber a informação de que o último check-in foi trinta minutos antes da partida. Você vê no painel à sua frente que o embarque ainda não teve início, mas lhe disseram que o balcão está fechado, e "normas são normas". Em tais circunstâncias, a maioria de nós fica no mínimo contrariada. Nosso juízo de valor nos diz que deveríamos entrar. A realidade, contudo, é diferente. "O que é" e "o que deveria ser" mais uma vez estão em conflito; e ficamos aflitos.

Ou então suponha que você não está conseguindo dormir. Você está deitado numa cama quente, bem alimentado e pronto para oito horas de sono, mas o sono não vem. A voz na sua cabeça lhe diz que você deveria poder dormir; mas você não consegue. Quanto mais pensa nisso, mais tensão cria — e menores são as chances de dormir. De novo a percepção da situação determina a nossa reação.

Como vemos na Figura 6.4, o mecanismo subjacente desses conflitos é bastante semelhante ao mecanismo fundamental dos juízos de valor que exploramos no Capítulo 4. Os dados sensoriais que entram por si sós são neutros e desprovidos de significado. Apenas ao compará-los com experiências passadas criamos uma percepção e significado particulares. Da mesma maneira, com grande parte do nosso estresse, as situações em que nos encontramos por si sós são neutras. Elas assumem um significado quando tentamos compará-las com nossas expectativas e juízos de valor de como as coisas deveriam ser. Se esses resultados são conflitantes, criamos estresse.

O estresse também é criado quando as situações em que nos encontramos estão em conflito com nossas necessidades e valores mais profundos. Se, quando sua mulher telefona durante uma reunião, você imagina que as pessoas presentes irão desaprovar o telefonema, a ameaça se exacerba.

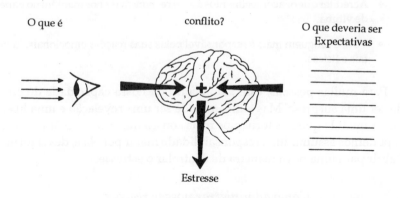

Figura 6.4

Agora existe um conflito adicional entre "o que é" e a sua necessidade de aprovação.

Se a hipoteca aumenta — ou mesmo se tememos que isso aconteça — nossa necessidade de segurança pode estar ameaçada. A possibilidade de perder o emprego quase invariavelmente deflagra o estresse — não apenas a segurança está em questão neste caso, mas também nossa auto-estima. Para algumas pessoas andar de avião é motivo de tensão porque a necessidade de controle está seriamente ameaçada.

Está provado estatisticamente que dirigir um carro é bem menos seguro que andar de avião, mas ao menos nos sentimos mais no controle. Podemos estar realizando um trabalho nada exigente, e no entanto experimentar muita tensão, porque a nossa necessidade de expressão criativa é continuamente frustrada. Maus-tratos contra crianças podem causar estresse para muitos de nós. Talvez nem nós nem nossos filhos estejamos diretamente ameaçados, mas alguns dos nossos valores mais profundos estão.

Mais uma vez, não é apenas a situação externa que causa o estresse (embora o pareça); é o conflito entre a situação e o nosso julgamento da mesma. Esse processo e suas conseqüências podem ser resumidos pelos quatro pontos abaixo.

- Uma reação de estresse é criada por nós mesmos.

- O problema é a nossa percepção dos acontecimentos, e não os acontecimentos em si.

- Acreditar que os acontecimentos são os responsáveis nos mantêm no papel de vítima.

- Você e ninguém mais é responsável pelas suas reações emocionais, mentais e físicas.

Para muitas pessoas, esse lado oculto da nossa capacidade de criar pode ser uma surpresa. Mas também pode ser uma revelação e uma libertação. À medida que nos tornamos mais conscientes dessa dinâmica interior, podemos assumir uma responsabilidade maior por ela e, dessa forma, nos abrir para uma nova maneira de controlar o estresse.

Como administrar nossas reações

A maioria das abordagens ao controle do estresse concentram-se no controle das causas externas do estresse e nos efeitos que este exerce sobre nós. Se o nosso assistente de produção está sempre atrasado, causando consideráveis inconvenientes e tensão, podemos remover a "causa" despedindo o culpado. Se a pressão do tempo é um problema, podemos reduzir a tensão administrando melhor o tempo. Ou se alimentos gordurosos prejudicam o nosso fígado, podemos remediar o problema alterando a nossa dieta.

Se o efeito do estresse é deixar-nos exaustos, podemos dormir mais ou praticar alguma técnica de relaxamento ou meditação. Se estamos sempre agitados, exercícios como corrida, natação, *squash* ou mesmo uma caminhada poderão ajudar a nos acalmar. Se tensão para nós significa conter as emoções, encontrar alguém que esteja disposto a nos ouvir sem fazer julgamentos poderá ajudar-nos a tirar esses sentimentos do nosso peito.

Embora essas sugestões sem dúvida ajudem, elas não nos levam à raiz do problema. Como já vimos, o estresse é mais do que uma simples reação de causa e efeito. A dimensão interna desse processo — nossas percepções, expectativas, crenças e necessidades — são também um elemento fundamental na equação. Isso nos mostra uma outra maneira de lidar com o estresse.

Por exemplo, durante um engarrafamento do trânsito, em vez de considerá-lo uma ameaça e desejar que acabe, poderíamos perguntar a nós mesmo: "Qual é a oportunidade que me é oferecida aqui?" "Qual a melhor maneira de usar esse tempo?" Assim fazendo, com toda a probabilidade teríamos um conjunto de reações bastante diferentes. Talvez atrasássemos mesmo assim, mas estaríamos consideravelmente menos tensos.

Algumas perguntas simples mais uma vez podem ser úteis para descobrir o que de fato está acontecendo no nosso íntimo. Da próxima vez em que se aborrecer com alguém ou alguma coisa, você poderia parar um instante e perguntar-se:

O que estou dizendo a mim mesmo para ficar desse jeito?
Qual das minhas expectativas está sendo desafiada nesta situação?
Estou exigindo que me tratem de determinada forma?
Qual a minha suposição sobre a minha necessidade para ser feliz?
Estou culpando outra pessoa por perturbar minha paz de espírito, quando na verdade são apenas os meus julgamentos que me transtornam?
O que está realmente sendo ameaçado?

Quando somos submetidos a muita pressão, em geral temos dificuldade em lidar com nossas emoções. Quando estamos irritados com alguém que não agiu como gostaríamos, é muito fácil colocar toda a culpa do nosso aborrecimento sobre a outra pessoa. "Afinal de contas", dizemos a nós mesmos, "se ela não tivesse agido assim, eu não estaria tão aborrecido." Mas do mesmo modo, se não fôssemos tão apegados às nossas expectativas e se não as projetássemos na outra pessoa, não teríamos nos sentido tão ameaçados com seu comportamento, e o conflito dentro de nós não teria aumentado.

Se percebemos que estamos irritados numa situação desse tipo, podemos amenizar nossa reação parando por um momento e perguntando-nos: "O que ele estará pensando?" "Como ele teria se sentido nesta situação?" "Que experiências passadas o teriam levado a agir assim?" "O que ele espera conseguir?" Isso não visa tornar a atitude da outra pessoa correta, nem tampouco pretende negar os nossos valores. Mas, se podemos dar um passo atrás desta maneira, poderemos ver o comportamento da pessoa de outra perspectiva — e talvez percebamos que, junto com a nossa raiva, existe também compaixão.

O caminho do administrador criativo sob estresse

Dissemos antes que o caminho do administrador criativo é um caminho interior. Ele reconhece que, além de atentar para os aspectos exteriores da mudança, também temos de lidar com as dimensões internas — as atitudes, percepções e valores que nos levam a reagir da maneira como fazemos. Este é também o caminho através do qual o administrador criativo suporta as crescentes pressões da vida. Além de atentar para os aspectos mais palpáveis do estresse, ele também lida com os processos interiores que estão por trás das nossas reações.

A esse respeito, o estresse assemelha-se à fase de frustração do processo criativo. Se considerarmos a frustração apenas como uma barreira a ser superada, não poderemos ouvir o que ela está tentando nos dizer, e a frustração muito provavelmente continuará. Se, por outro lado, a frustração for vista como uma oportunidade — um chamado para dar um passo atrás e ouvir a própria voz interior — poderemos ir além dela e usufruir mais profundamente da nossa criatividade.

Da mesma maneira, se o estresse é visto apenas como uma barreira para a nossa atuação, estaremos propensos a controlar apenas as suas formas exteriores, suas causas e efeitos. Se o considerarmos uma oportunidade de aprender mais sobre nós mesmos, e sobre o que realmente é importante para nós, ele poderá tornar-se outra janela para nós mesmos. Ele é um sinal de que temos mais a aprender a respeito dos nossos mundos interiores.

Ao tentar administrar as crenças e expectativas subjacentes ao estresse, estamos dando mais um passo para libertar-nos das nossas limitações interiores. Estamos criando a oportunidade de ficar mais em paz com nós mesmos. Em vez de sermos jogados de um lado para o outro pelos mares da mudança, podemos aprender a navegar por eles com maior tranqüilidade interior. Como já vimos, essa estabilidade será fundamental para

122

nossa capacidade de lidar com a mudança crescente. Se pudermos permanecer calmos interiormente e mais abertos para o nosso eu, seremos capazes de pensar e agir com maior clareza, criatividade e humanidade.

Aprender a lidar com nossas reações à pressão é parte da prática diária do administrador criativo porquanto, aprendendo a lidar com esses aspectos ocultos do estresse, estamos também aprendendo a interligar nossos universos interior e exterior, aprendendo a pensar a vida de uma maneira nova. E esta é a essência da tarefa da humanidade hoje.

Capítulo 7

Recriação Social

Não é preciso correr para fora para ver melhor,
Nem tampouco olhar pela janela. Permaneça no centro do seu ser;
Pois quanto mais você se afastar dele, menos aprenderá.
Examine seu coração e veja
Se ele é o sábio que trabalha o tempo todo:
Para fazer é preciso ser.

Lao-Tze (século VI a.C.)

Sem dúvida, o século XXI fará exigências radicalmente diferentes e sem precedentes. Apesar de muitos criadores e administradores de organizações — sejam elas grandes ou pequenas, governamentais ou comerciais, lucrativas ou não-lucrativas — estarem encarregados da responsabilidade específica de conduzir a humanidade nesses tempos turbulentos, todos nós teremos de confrontar o desafio.

Ainda pediremos ajuda? Acreditaremos, como nossos pais, que recorrendo a especialistas, como cientistas, engenheiros, políticos e líderes corporativos, poderemos controlar a mudança e suportar as ondas que se quebram sobre nós? No fundo do coração muitos de nós sabemos que essa estratégia não funciona mais. Precisaremos de uma forma diferente de ajuda.

Como começamos a ver em capítulos anteriores, os bloqueios básicos à mudança estão dentro de nós e não fora. Quanto mais compreendermos a nós mesmos, melhor poderemos ver o que está por trás dos nossos medos, tanto conscientes como inconscientes. À medida que passamos a percebê-los sob um ângulo diferente, nos tornamos mais livres e dispostos a mudar. Assim, aprender a respeito de nós mesmos torna-se fundamental na vida do administrador criativo.

O caminho do aprendizado

Para a maioria das pessoas, aprender é sinônimo de educação. Passamos de doze a vinte anos de nossa vida em escolas e faculdades, aprendendo para a vida que nos espera. Então podemos supor que nossa educação formal está concluída. Mas também reconhecemos que essa educação nos qualifica apenas parcialmente para a vida de hoje.

Muitos dos nossos sistemas educacionais modernos baseiam-se na necessidade de preparar as pessoas para uma sociedade estabelecida na

Revolução Industrial. Naquele tempo era importante dar a um grande número de pessoas as habilidades e técnicas apropriadas às tarefas daquela época. Eram exigidas habilidades perpétuas para trabalhos perpétuos.

Hoje e nos anos que estão por vir, precisamos de um aprendizado relevante aos desafios na Era da Informação. Em primeiro lugar, a velocidade da mudança exige que o aprendizado seja contínuo e perpétuo. E, em segundo lugar, temos necessidade de aprender habilidades interiores e novas.

Muitos dos mais empolgantes e novos progressos no aprendizado estão acontecendo dentro das empresas. Defrontados com a necessidade premente de desenvolver habilidades pessoais tais como julgamento e planejamento, liderança, comunicação, trabalhos em grupo e criatividade, além das inúmeras e novas habilidades na área de informática e tecnologia, as organizações assumiram em grande medida a incumbência de dar continuidade à educação. Algumas criaram seus próprios centros e faculdades educacionais. Muitas sustentam programas de educação contínuos para os empregados, fora da empresa. Os tradicionais departamentos de treinamento vêm modificando rapidamente seu enfoque, passando de aptidões específicas para uma educação mais geral da pessoa como um todo. Quanto maior a liderança da companhia, maior a ênfase no aprendizado contínuo; algumas, inclusive, exigem que seus administradores freqüentem pelo menos duas semanas de curso a cada ano.

A crescente consciência de uma nova atitude em relação ao aprendizado reflete-se em comentário de um dos capitães da indústria entrevistado por Francis Kinsman. Falando a respeito das mudanças esperadas para a década de 90, ele ressaltou o seguinte:

> Os que deixaram o aprendizado de lado sofrerão o impacto mais sério. Para eles, adotar diferentes atitudes constituirá um processo difícil e doloroso. Na indústria, isso se aplica particularmente aos administradores de meia-idade.

Isso não indica que todos abandonaram os estudos. Muitos estão realmente revendo o que aprenderam com novos olhos. Como verificou o diretor-administrativo de uma grande empresa de construção:

> Percebi que, apesar de ter 48 anos, na verdade, posso me abrir para o aprendizado. Pensei ter concluído os estudos quando acabei a universidade, mas agora posso começar de novo.

No futuro, teremos necessidade de habilidades e atitudes pessoais radicalmente diferentes. No passado, costumávamos supor que, para mudar o mundo, bastava mudar o nosso comportamento, e aprender novas e melhores técnicas de controle. Por conseguinte, aprendemos a organizar e a administrar as formas externas das nossas vidas pessoal e profissional. Aprendemos como ler balancetes, como fundar novas empresas, como produzir e negociar novos produtos, como coordenar operações internacionais, como usar e implementar novas tecnologias e como planejar e apresentar novos eventos. Contudo, apesar de todo o nosso conhecimento no que se refere ao mundo que nos cerca e à forma de controlá-lo, também estamos percebendo que concentrar-se apenas no exterior não nos ajuda necessariamente a lidar melhor com os aspectos mais pessoais da mudança. Ao contrário, se continuarmos a reagir apenas aos aspectos exteriores, correremos o risco de sofrer um colapso, tanto individual como socialmente.

Historicamente, a educação e o ensino dependeram em grande medida do especialista externo. Hoje, contudo, é cada vez mais notório que o aprendizado é um processo que acontece a partir do interior de uma pessoa, e que precisamos investir a mesma energia e comprometimento, que já dedicamos ao desenvolvimento exterior, na exploração dos nossos mundos interiores.

Revendo a auto-exploração e a autodescoberta

A maiorias das pessoas só considera a idéia de auto-exploração e descoberta interior quando existe um problema. A tal ponto que, até recentemente, a orientação interior era considerada esfera de ação do terapeuta, do psiquiatra e do padre. Nas duas últimas décadas, contudo, houve uma explosão de interesse pelo autodesenvolvimento — quase tão rápido quanto a explosão da tecnologia de informação. Entretanto, por ser um fenômeno bem menos tangível, seu impacto a princípio não é tão visível.

Willis Harman considera este "movimento do potencial humano" uma nova ciência da experiência subjetiva, com profundas implicações para o nosso futuro. Ele resume os princípios básicos da modificação da imagem da pessoa em três proposições:

- Os potenciais do ser humano são muito maiores do que os modelos atuais do homem nos levariam a considerar possível.

- Uma proporção da experiência humana significativa bem maior do que poderíamos supor compõe-se de processos inconscientes... Ela inclui aquelas esferas misteriosas da experiência que chamamos de "intuição" e "criatividade".

- Incluem-se nesses processos, parcial ou grandemente inconsciente, imagens do eu e das limitações do eu, bem como imagens do futuro que detêm um importante papel: o de limitar ou acentuar a realização das próprias capacidades.

Ele segue comentando que,

vendemos o homem a preço baixo, subestimamos suas possibilidades e compreendemos mal o que é necessário para aquilo que Boulding chama de "a grande Transição". [Estes princípios] indicam que a revolução mais profunda do sistema educacional não seria a cibernetização da transmissão do conhecimento, mas a infusão de uma imagem sublime do que o homem pode ser e o cultivo de uma auto-imagem intensificada em cada criança.

Esta outra dimensão do aprendizado é que é tão fundamental para a época atual, e os diversos caminhos do movimento de potencial humano podem ser vistos como aventuras pioneiras nesse território grandemente desconhecido. Atividades tais como meditação, ioga, relaxamento, biorrealimentação, aconselhamento, psicoterapia, artes marciais e exercícios físicos às vezes são considerados um sintoma da era do "eu" — uma indulgência narcisista e uma fuga do "mundo real". Embora possa haver uma certa verdade nesta afirmação, seria um erro acreditar que é só isso. Essas pessoas também podem ser vistas como indivíduos de todas as posições sociais respondendo a um chamado interior para que compreendam mais plenamente a si mesmos e à vida. São sintomas de uma crescente busca de significado.

A mudança de valores

O movimento de potencial humano é apenas um lado de um fenômeno social mais amplo. Desde princípios da década de 70, tornou-se evidente que, nos países mais industrializados, os valores e motivações individuais estão mudando regularmente. Essas tendências têm sido tema de inúmeros estudos de longo prazo, incluindo o Programa de Valores e Estilos de Vida do Instituto de Pesquisa de Stanford (VALS), o Programa de Controle do Reino Unido, o estudo europeu RISC (Instituto de Pesquisas Internacionais para Mudança Social), o Relatório de Tendências do Grupo Naisbitt e a pesquisa de Yankelovich. Todos revelaram que, embora a maioria das pessoas ainda possa estar voltada para seu bem-estar material exterior, a preocupação com valores interiores e a auto-orientação vêm crescendo regularmente, e tornou-se agora fator significativo para o desenvolvimento social. Chris e Kirk MacNulty, dos programas VALS e de controle, chamam a este conjunto de valores emergentes "voltados para o interior".

Pessoas voltadas para o seu interior são motivadas pela auto-realização. De modo geral, não se preocupam com a opinião que o mundo como um todo tem a seu respeito; seus critérios para o sucesso e os padrões de comportamento estão dentro delas. Isso não significa retraimento ou isolamento. Na realidade, a pessoa voltada para dentro costuma ter horizontes maiores, uma boa compreensão dos fatos do mundo e uma alta tolerância ao comportamento das outras pessoas.

Daniel Yankelovich em seu livro *New Rules: Searching for Self-Fulfilment in a World Turned Upside Down*, encontra a mesma tendência, embora a defina de maneira um tanto diferente:

> Os americanos estão confrontando as recompensas do sucesso convencional e as realizações pessoais menos lucrativas mas mais satisfatórias, e estão considerando seriamente esta última.

Kirk MacNulty descreve o surgimento de uma população "voltada para o interior" nos últimos trinta anos como:

> um fenômeno natural, resultado de um processo evolutivo, se quiserem. Assim como os pesquisadores experimentais, intelectuais e interessados em informações (os cientistas físicos nascentes) que surgiram na sociedade religiosa da Europa medieval, a população voltada para o interior não parece ser produto de qualquer das nossas instituições sociais... À semelhança do seu predecessor científico, este movimento Voltado Para o Interior ajusta-se tão pouco com o materialismo do paradigma industrial quanto Galileu com o dogma da Igreja.

O surgimento desses novos valores pode ser considerado parte de uma tendência histórica muito mais antiga. Ao longo de séculos, a necessidade predominante sempre foi a alimentação e a sobrevivência, e a maioria das pessoas passava todo o seu tempo trabalhando na terra. A nova tecnologia e a economia da Revolução Industrial ofereceram a oportunidade de maior bem-estar material e a liberação do trabalho árduo de uma existência voltada para a sobrevivência.

Nos dois séculos subseqüentes, um número cada vez maior de pessoas dedicou-se à criação de um ambiente físico mais confortável. Cada vez mais elas dispunham de meios para aperfeiçoar o saneamento, a habitação, o vestuário, a alimentação, o transporte, a comunicação, os cuidados médicos, a educação e os meios de produzir mais e mais bens para facilitar essas mudanças. Isso proporcionou a plataforma para a emergência de uma sociedade voltada para o consumidor.

As motivações dominantes transferiram-se da alimentação e da sobrevivência para a segurança pessoal e o bem-estar material. Na linguagem do VALS e do programa de Controle, as pessoas tornaram-se mais "voltadas para fora", no sentido de que a cada vez suas motivações eram governadas pela necessidade de melhorar sua posição social. Isso produziu uma sociedade em que muitos são impulsionados pela necessidade de serem vistos e reconhecidos pelos demais — necessidade que amiúde dá origem à convicção de que o bem-estar financeiro e material tem grande importância.

Rumo à autonomia e à autodireção

Hoje, contudo, novas oportunidades estão se abrindo para nós, e outra mudança nos valores pessoais vem se tornando evidente. É cada vez mais óbvio que os valores da era industrial, que consideravam como prioridades o trabalho, a segurança física, o desenvolvimento material e o crescimento econômico, deixaram de ser pertinentes. Embora tenham sido importantes para a elevação da qualidade de vida e prosperidade pessoal, esses mesmos valores agora ameaçam nosso bem-estar e sobrevivência coletivos e contínuos. Ademais, o trabalho como o conhecemos está se tornando redundante.

A tecnologia da informação vem libertando muitos do trabalho árduo. Robôs estão assumindo as linhas de produção das fábricas, computadores substituíram salas repletas de contadores e o processamento de palavras transformou a indústria editorial. Dentro em breve, o reconhecimento da voz e *software* de alto nível dispensarão as secretárias tradicionais; sistemas especializados assumirão grande parte do trabalho rotineiro da medicina, da educação e da pesquisa científica; filmes produzidos por computador colocarão Hollywood de lado; bancos de dados orientados para vendas substituirão os departamentos de marketing; a inteligência artificial reduzirá a necessidade de advogados, contadores, funcionários públicos e de muitos outros serviços essenciais à sociedade industrial. Praticamente todas as profissões serão afetadas, se não eliminadas, pela Revolução da Informação. Pelo menos 75% do trabalho como o conhecemos hoje poderá ter sido eliminado na virada do século.

Para alguns, isso pode afigurar-se como um dos acontecimentos mais indesejáveis. A curto prazo, evidentemente, isso provocará uma ruptura dolorosa na vida de muitas pessoas, e muito terá de ser feito para ajudar as pessoas durante essas difíceis transições pessoais. A sociedade como um todo também terá de enfrentar um desafio muito maior que o colocado pela Revolução Industrial, pois esta mudança abala os próprios alicerces do nosso sistema econômico.

Uma resposta natural consiste em tentar conter a maré da mudança e buscar formas de retornar ao pleno emprego. Contudo, não devemos esquecer que a redução de trabalho tem sido nosso objetivo há séculos. A história da Era Industrial é a história dos mecanismos para redução do trabalho. Desde os primeiros dias das máquinas a vapor, das bombas hidráulicas e dos teares, evoluímos para a produção de máquinas de lavar roupa, máquinas de lavar pratos, aspiradores de pó, processadores de alimentos, abridores de latas elétricos, torradeiras, furadeiras elétricas, alimentos para viagem, caixas eletrônicos, lavadores de carros, bombas de gasolina automáticas, cortadores de grama automáticos, carrinhos de golfe elétricos e uma variedade de outros equipamentos destinados a minimizar o trabalho desnecessário e deixar a nossa vida mais livre. Agora, com a liberdade extraordinária e sem precedentes trazida pela tecnologia da informática, podemos estar chegando ao ponto em que muitos de nós não teremos trabalho.

Mas para que serve toda esta crescente liberdade?

Confrontados com um mundo em mudança tão acelerada, no qual grande parte do que considerávamos importante está desaparecendo, antigos valores começam a declinar. As pessoas estão se perguntando: "O que é realmente importante para mim?" "O que de fato me interessa?" "O que quero fazer da minha vida?" Não se trata de mais uma manifestação de egoísmo que tanto atormenta a sociedade atual; trata-se de uma reavaliação fundamental dos valores segundo os quais vivemos. Trata-se de descobrir como queremos ser, e não do que queremos ter. Trata-se de estabelecer os nossos padrões, em vez de retirá-los daquilo que os outros nos dizem, ou de seu comportamento. Trata-se de sermos verdadeiros com nós mesmos, em vez de nos preocuparmos em demasia com a aparência e o *status*. Esta é a essência da mudança rumo a valores voltados para o interior.

E, o que é mais importante, pela primeira vez em nossa história um grande número de pessoas está tendo a possibilidade de acompanhar essas tendências. Antes, isso só era possível para uma elite privilegiada. Agora, dispondo de mais tempo para nós, temos a liberdade de fazer a nós mesmos essas perguntas fundamentais. Além disso, com uma qualidade de vida e bem-estar material melhores, temos maiores oportunidades de seguir esses estímulos interiores e torná-los parte da nossa vida diária.

Em suma, estamos sendo libertados para explorar nossos mundos interiores, para desenvolver o nosso pensamento e usar de outro modo a nossa mente. Talvez esta seja a verdadeira revolução — e a oportunidade oculta que está por trás da Era da Informática.

Capítulo 8

O Mundo Interior do Administrador Criativo

"Confia em ti." Cada coração vibra com esta corda de ferro. Os grandes sempre o fizeram. Agora temos de aceitar o mesmo destino transcendente.

Ralph Waldo Emerson (1841)

Como acabamos de ver, cada vez mais as pessoas hoje estão se perguntando o que realmente querem fazer. Para algumas, este questionamento é lento; para outras, pode ser um choque repentino. Pode acontecer em momentos de grande felicidade e alegria, como também em períodos de crise e de sofrimento pessoal.

Podemos ter passado pela experiência de subitamente nos tornarmos desnecessários, ou então podemos ter um amigo ou parente que passe por isso. Para alguns, esta situação pode trazer profundo desespero e falta de esperança, levando-os a algumas perguntas fundamentais sobre si mesmos e suas vidas.

Outras podem considerar esta uma oportunidade de fazer o que sempre quiseram e usar sua recém-descoberta liberdade em um tipo de vida que tenha mais significado. Muitos são os exemplos de pessoas que decidiram abandonar uma carreira de negócios e trabalhar em profissões de ajuda, onde muitas vezes ganham menos, mas têm mais satisfação. Outras decidem dedicar-se a tentar preservar o meio ambiente.

O encontro com a morte tende a ser outra crise que nos leva a enfrentar essas questões. Seja por um colapso cardíaco, a descoberta de que estamos com câncer ou outra enfermidade maior, um acidente grave ou simplesmente perceber a própria mortalidade, nossa vida é subitamente revista e reavaliamos os nossos valores e prioridades.

O mesmo pode acontecer quando nos defrontamos com a morte ou com o sofrimento intenso de alguém muito próximo de nós. Tendemos então a analisar o propósito e o significado da nossa própria vida, e a reconsiderar a oportunidade que ela nos oferece.

Uma reavaliação pessoal semelhante pode ocorrer às vezes quando parecemos estar muito bem. Conseguimos considerável segurança material, sucesso profissional e reconhecimento pessoal, e podemos, sem razão aparente, sentir-nos entediados, frustrados, destituídos de objetivo e talvez deprimidos.

Nossa reação inicial tende a ser tentar modificar a nossa situação exterior. Podemos tentar mudar nosso ambiente de trabalho "tedioso e insatisfatório" por um ambiente "mais interessante", ou mesmo mudar de emprego. Podemos mudar para uma casa "melhor". Ou pensar em mudar de parceiro e buscar novos relacionamentos.

Via de regra, essas reações não passam de uma forma de evitar as questões mais perturbadoras que nos confrontam, e muito pouco se resolve assim. Se quisermos ir além da crise, em vez de simplesmente remendá-la, teremos de nos voltar para dentro de nós e olhar-nos de frente. Nossa frustração e mal-estar, mais uma vez, devem ser vistos como um chamado interior. É a voz do nosso próprio ser lembrando-nos para ouvir uma verdade maior.

Como já vimos, a sociedade está enfrentando uma crise existencial bastante semelhante a esta. Estamos sendo forçados a desafiar muitas suposições, a olhar o mundo de maneira nova, e a reconsiderar nossas prioridades. Neste sentido, todos estamos passando por uma crise de valores. Cada um de nós vem sendo convocado a ouvir a voz interior e a deixá-la falar através das nossas decisões e atos.

A voz interior

O que é a voz interior? É a parte de nós que sente que algo não vai muito bem. É a parte que nos diz quando estamos nos esforçando demais. É o reconhecimento de que não tratamos bem uma pessoa. É o sentido de que alguma coisa está acontecendo por trás das palavras de alguém. É o pressentimento de que deveríamos dar uma parada em vez de nos precipitarmos.

A voz interior é também aquela parte de nós que procura nos dizer o que é o melhor. É o conhecimento interior que tenta falar conosco através dos nossos sonhos. É a intuição que nos leva a telefonar para um amigo no momento certo. É a sensação de que a vida é mais do que isso. É o impulso de seguir um propósito maior.

Embora esta voz esteja dentro de todos nós em todas as ocasiões, nem sempre é fácil ouvi-la. O estrépito do mundo à nossa volta é muito mais alto. Além disso, nossa sociedade voltada para o exterior prefere que acreditemos que não se trata de uma voz real, e que não é ouvida. Em geral, seus conselhos são contrários a tudo o que as convenções sociais gostariam que escutássemos.

Tampouco dispomos de muitas habilidades ou técnicas com as quais podemos ouvir nossas sugestões mais silenciosas. A maioria das aptidões que aprendemos ajuda-nos a lidar melhor com o mundo à nossa volta e não com o mundo interior. Elas são de pouco valor quando se trata de administrar nossos processos interiores. Para cooperar com o intangível, não temos necessidade de técnicas, mas sim de autocompreensão, autoconfiança e disposição de parar de "fazer" e ouvir.

Nossa exploração do processo criativo tornou evidente que é essa disposição de ouvir o nosso mundo interior a marca do administrador criativo. Precisamos ouvir a nós mesmos para saber em qual estágio estamos e para onde devemos ir em seguida. Precisamos ouvir a nossa frustração para entender o que ela está tentando nos dizer. A voz que diz: "Não posso mais continuar" está nos dizendo que chegou a hora de fazer alguma coisa completamente diferente e deixar-se ficar no período de incubação por algum tempo? Ou nossa sensação de que não estamos chegando a parte alguma é um sinal de que não estamos suficientemente preparados? Só nós sabemos. Não existem regras quando se trata do processo criativo — exceto a regra de ouvir e confiar em nossa voz interior.

De todas as fases da criatividade, a intuição especialmente exige que respeitemos a nossa verdade interior. Ela é, literalmente, uma "intro-visão"; um momento em que de súbito "vemos" uma nova conexão, um novo caminho. O processo criativo como um todo está centrado em torno desse momento, quando nosso conhecimento mais profundo irrompe. Kekulé já conhecia a resposta para o problema da estrutura do benzeno, mas precisou afastar a questão da sua mente, relaxar e mergulhar nos sonhos para que sua mente subconsciente pudesse falar-lhe.

Nada disso significa que a voz interior está sempre certa. Assim como qualquer aspecto da nossa mente, ela pode ser falível. Por este motivo, o teste e a avaliação são igualmente partes cruciais da criatividade. O valor de aprender a ouvir esta voz interior não está em alcançar a verdade incontestável, mas sim em abrir-nos para outro aspecto de nós mesmos que está além da nossa reflexão habitual. E quando o fazemos, em geral descobrimos que essa orientação mais profunda contém a sabedoria que a nossa reflexão consciente seria incapaz de revelar.

Como valorizar a nossa imaginação

Para compreender nossas instruções internas, precisamos antes de mais nada reconhecer as diferentes linguagens da mente. Raramente os níveis mais profundos da mente nos falam por palavras. Os níveis mais profundos da mente comunicam-se melhor através de imagens, sensações, sonhos e sentimentos.

Isso acontece em parte porque, de um ponto de vista evolutivo, a linguagem verbal é relativamente nova para o cérebro humano. A imaginação sensorial, por outro lado, é bem mais antiga e fundamental. Por conseguinte, via de regra, nos lembramos de sons, de aromas e de visões com mais facilidade do que de frases ou expressões. O aroma de pão recém-saído do forno transporta-nos para a cozinha da fazenda da nossa infância. Sonhamos com imagens e não com palavras. Quando pensamos no amanhã, em geral são imagens que nos vêm à mente. Podemos ter bons sentimentos quando imaginamos a recepção que nos espera quando voltarmos de uma longa viagem. Podemos sentir nossos palpites em nosso corpo. Mesmo enquanto lia estes exemplos, é muito provável que a sua mente os tenha transformado de uma forma ou de outra em imagens.

Essas imagens nem sempre são nítidas ou fotográficas. Tampouco precisam ser apenas visuais; os outros sentidos podem nos falar com a mesma clareza. Contudo, de uma forma ou de outra, a imaginação quase sempre está na nossa mente.

(Se você se considera uma pessoa com dificuldades para criar imagens, aconteça o que acontecer, não imagine agora uma porta verde — tudo menos uma porta verde! Ou o som de alguém batendo nesta porta!)

Portanto, para ouvir a nossa voz interior temos de ouvir a linguagem que a mente utiliza para falar consigo mesma, e não a linguagem que usamos para nos comunicar com outras pessoas. Uma boa maneira de fazer isso consiste em simbolizar o nosso conhecimento interior como uma pessoa sábia.

Sempre que dispuser de meia hora para você, escolha um local silencioso onde não seja perturbado, acomode-se, feche os olhos e relaxe por alguns minutos. Então, imagine-se num jardim, permita que as imagens, sejam elas quais forem, fluam da sua mente, ouça os sons, imagine as texturas e observe quaisquer imagens. Alguns minutos depois, imagine-se vendo uma pessoa sábia vindo na sua direção. Mais uma vez, permita que as imagens dessa pessoa sejam as mais livres; não tente forçar a pessoa a ter uma determinada aparência ou a ser de alguma maneira específica.

Depois de se familiarizar com este sábio, você pode experimentar fazer algumas perguntas sobre temas a respeito dos quais gostaria de receber alguma orientação. Ouça o que ele ou ela tem a lhe dizer. Talvez ele(a) tenha algo para lhe mostrar — mais uma vez nem sempre as palavras são a melhor forma de comunicação. Você pode perguntar a essa pessoa se gostaria de chamar sua atenção para algum outro ponto. As respostas podem ser surpreendentes; mas, via de regra, são exatamente as respostas de que precisamos. São o que precisamos dizer a nós mesmos, mas só podemos ouvir quando conferimos uma forma simbólica à nossa voz interior.

Outra importante vantagem da imaginação é a sua capacidade de nos levar além dos nossos juízos de valor cristalizados. Por esse motivo, muitas organizações começam a utilizar imagens como uma maneira de ver além da visão unidimensional, mecanicista e antiquada de sistemas, que criou suas culturas corporativas. Em seu livro pioneiro, *Images of the Organization*,

134

Gareth Morgan mostra como as organizações do passado costumam ser descritas com imagens de máquinas, enquanto as imagens de cérebros e processos cerebrais, ou árvores com seus sistemas de ramos e raízes, podem ser usados como metáforas que evocam uma visão mais criativa e intensa da organização e das questões complexas com as quais ela se defronta.

Juízos de valor e necessidades íntimas

Nossos juízos de valor a respeito do que deve ou não deve ser, ou de como devemos ou não devemos nos comportar, com freqüência podem prejudicar a percepção do nosso conhecimento interior. Já vimos como esses juízos tendem a limitar nosso pensamento e criatividade, levando-nos a falsas ilações; e como, agarrando-nos a eles, podemos ver ameaças que não existem realmente, limitando desta forma a nossa resposta criativa à pressão. Também vimos a influência que o inconsciente exerce sobre os sistemas de valor característicos de uma época. Contudo, os juízos de valor também são necessários; sem eles, não seríamos capazes de avaliar e conferir significado ao mundo.

Nossa abordagem até o momento tem sido de aceitação dos nossos juízos de valor. Com isso não queremos torná-los certos ou errados; mas, reconhecendo-os e ao papel que representam em nosso pensamento e nossa percepção, podemos assumir maior responsabilidade pelos efeitos que exercem sobre as nossas decisões e o nosso procedimento. Contudo, vez ou outra podemos tomar consciência de juízos de valor inadequados e da nossa vontade de modificá-los ou excluí-los. O que fazemos então? De nada adianta apenas querer que desapareçam. Nossos juízos de valor existem por boas razões.

Anteriormente, consideramos os juízos de valor como janelas através das quais vemos o mundo exterior. Mas, à semelhança de qualquer janela, também podemos olhar através delas ao contrário, voltando-nos para o interior. Isso é o que temos de fazer se quisermos modificar uma convicção ou atitude em particular. Precisamos olhar através da janela para os nossos mundos interiores e explorar o que a sustenta.

Por trás da maioria dos nossos juízos de valor encontra-se uma necessidade ou motivação íntima. Podemos acreditar que dinheiro é importante porque ajuda a satisfazer a nossa necessidade de segurança. Podemos supor que, dizendo aos outros como devem se comportar, seremos capazes de ter mais controle sobre eles. Ou, se nutrimos alguma prevenção contra outra pessoa, talvez seja porque ela ameaça nosso desejo de reconhecimento e aprovação.

Nesses exemplos, a necessidade satisfeita pelo juízo de valor é razoavelmente clara, mas nem sempre é assim. Em geral, é muito mais difícil identificá-la. Na maioria dos casos, nem mesmo temos consciência das nossas necessidades subjacentes, muito menos de como elas influenciam nossos juízos de valor.

A relação entre necessidades e juízos de valor e o comportamento por ela gerados estão bem ilustrados no fato ocorrido em um programa de administração criativa que estávamos dirigindo para um dos nossos clientes norte-americanos. Descemos para o café da manhã bem cedinho, a fim de preparar-nos para o dia que nos aguardava. O vice-presidente de uma das divisões já estava sentado sozinho a uma mesa. Por cortesia, explicamos que precisávamos conversar e nos desculpamos por não sentar com ele. "Tudo bem", ele replicou. Mas quando já nos afastávamos, acrescentou, meio em tom de brincadeira: "Mas não pensem que vou oferecer-lhes uma bebida hoje à noite!" Ambos achamos a observação um tanto estranha e desnecessária, mas nada dissemos.

Mais tarde no mesmo dia, como parte do programa, estávamos analisando as necessidades e valores subjacentes aos juízos de valor e como eles afetam o nosso comportamento. Durante a sessão, o mesmo vice-presidente, um tanto constrangido, perguntou de que maneira isso explicaria o que ele havia dito no café da manhã. Ficamos sabendo assim que ele mesmo julgara sua reação algo imatura. Além disso, ele reconheceu que essa atitude era costumeira no seu modo de reagir, mas que nem por isso a apreciava.

À medida que exploramos o juízo de valor subjacente a este comportamento específico, tornou-se claro que ele não acreditara totalmente na razão por nós alegada para o fato de termos sentado em outra mesa, ou seja,

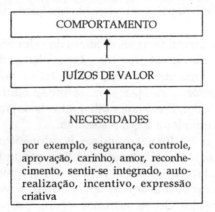

Figura 8.1 Este modelo representa uma interação dinâmica. Os três níveis estão em constante interação e influenciam um ao outro. A tendência é crer que o ambiente exterior determina o nosso comportamento. Embora em parte isso possa ser verdade, nosso procedimento também é determinado pelo nosso ambiente interior — pelas nossas necessidades pessoais

136

a necessidade de planejar o dia. Ele dizia a si mesmo: "Eles não querem sentar comigo... estão me rejeitando."

O que havia por trás dessa suposição? Ele começou a perceber que queria receber o reconhecimento e a aprovação das outras pessoas, e sentir que pertencia ao grupo. Por trás dessa necessidade havia uma necessidade ainda mais forte de ser amado, não no sentido romântico, mas no de ser aceito e valorizado como ser humano. Não sentando à sua mesa, sem saber (nem ele nem nós sabíamos) havíamos criado uma ameaça a essas necessidades, levando-o a sentir-se rejeitado.

Então ele percebeu que essas necessidades estavam por trás não apenas deste incidente específico, mas de muitas outras reações semelhantes. Essas necessidades o deixavam vulnerável, sobretudo em situações que podiam ser interpretadas como rejeição. Seu comportamento habitual, em resposta a este juízo de valor, era reagir revidando ao ataque e rejeitando as outras pessoas. E ele recorria ao humor para dissimular isso.

Quando começamos a compreender esse mecanismo, percebemos que seu juízo de valor e seu procedimento agressivo eram de todo impróprios para um adulto, embora quando adolescente eles tivessem servido para protegê-lo. E mais, raramente proporcionavam-lhe o amor e o reconhecimento que desejava. No mais das vezes, acabava acontecendo o que ele havia imaginado, e ele era de fato rejeitado.

Faltava-lhe a habilidade de perceber essa necessidade de ser reconhecido, de se sentir integrado e amado, bem como de assumir a responsabilidade por ela. Quando ele começou a olhar para trás, através do juízo de valor, e a perceber o que estava por trás dele, ele conseguiu relacionar-se mais diretamente com essas necessidades e tomar providências para modificar seu comportamento.

A dinâmica entre as necessidades, os juízos de valor e o nosso comportamento, ilustrada por este caso, pode ser resumida no modelo simples da Figura 8. Nada há de errado com essas necessidades íntimas. Elas sempre existem e sempre procuram ser satisfeitas. São essenciais à nossa vida de seres humanos, e parte da nossa realidade interior.

Como modificar nossos juízos de valor

No exemplo acima, a pessoa em questão descobriu com relativa facilidade a necessidade subjacente a determinado juízo de valor. Mas, a princípio muitos de nós podemos considerar esta tarefa no mínimo desconcertante. É como se não soubéssemos ao certo o que procuramos. Além disso, precisamos procurar no escuro. É um pouco como a primeira vez em que manuseamos um computador. Temos pouco conhecimento sobre a maneira de trabalhar com ele. No entanto, assim como o uso do computador se torna mais fácil com o passar do tempo, da mesma forma nos familiarizamos mais com nossas necessidades pessoais e a forma como atuam em nossas vidas.

De modo geral, podemos ajudar nesta busca da profundidade de um juízo de valor fazendo-nos perguntas como:

- De que eu teria medo, se esse juízo de valor não existisse?
- O que tenho medo de perder se abandonar esta convicção?
- Quando e por que criei este juízo de valor?
- O que este juízo de valor me ajuda a obter?

Pessoalmente, você pode achar algumas dessas perguntas mais úteis que outras, e algumas mais fáceis de responder que outras. Também poderá descobrir que existem outras perguntas mais úteis para você. O propósito de todas as questões é chegar ao fundamento de determinado juízo de valor. Analisando as respostas que surgirem, provavelmente você começará a sentir qual é a necessidade em questão.

Questões simples como esta ajudaram um supervisor de fábrica a compreender e a modificar um comportamento desagradável na sua vida doméstica. Vez ou outra, sua filha de 14 anos ficava na rua até tarde, bebendo com amigos. Embora ele não se opusesse ao álcool em si, sua reação inicial foi ficar furioso, perder a paciência e confiscar as roupas e a maquiagem da garota. Alguns dias depois, ele se arrependeu e pediu desculpas pelo que então afigurou-se como um procedimento extremado e injustificado. Apesar de tentar, ele fora incapaz de reagir de modo diferente quando ocorreu o fato.

Explorando a linha de raciocínio por trás do seu comportamento, ele descobriu com relativa facilidade o juízo de valor. Ele acreditava que, retirando as roupas e a maquiagem da filha, a manteria em casa, impedindo-a assim de ficar fora até tarde bebendo. Para descobrir a quais necessidades esse juízo de valor servia, ele tentou responder a perguntas semelhantes às acima citadas.

O que ele tinha medo de perder se abandonasse essa convicção? A sensação de ter controle sobre a filha.

De que forma esta convicção o ajudava? Em razão de seu amor pela filha e de sua noção de responsabilidade, ele não queria que ela bebesse com tão pouca idade. Mais uma vez, queria ter alguma influência sobre o comportamento dela.

Quando viu quais eram as motivações das suas reações irracionais, ele percebeu que existiam outras formas de satisfazer sua necessidade de influenciar a filha. Sentou-se com ela, tratou-a como adulta, falou de suas próprias inquietações e elaborou uma solução melhor com ela a respeito dos limites apropriados para a filha naquele estágio da vida.

Em suma, não são as nossas necessidades em si que nos trazem problemas, mas sim os juízos de valor que mantemos com referência à melhor maneira de satisfazê-los. Formas de satisfazer uma necessidade que nos foram úteis anteriormente tornam-se juízos de valor arraigados. Em vez de nos ajudar a satisfazer nossas necessidades, essas atitudes em geral nos atrapalham. Se pudermos reconhecer nossas necessidades mais profundas e ouvir o que elas estão nos dizendo a respeito de nós mesmos, poderemos encontrar formas melhores e mais indicadas de abordar a necessidade. Na realidade, liberamos a âncora que mantém preso o juízo de valor. O resultado é a possibilidade de escolha bem maior de como pensar e agir.

As necessidades das outras pessoas

Descobertas as necessidades subjacentes a alguns comportamentos, costumamos supor que as outras pessoas seguem o mesmo padrão. Mas talvez não seja este o caso. Compare as necessidades da pessoa que dirige em alta velocidade por uma necessidade de excitação e estimulação e a de uma pessoa que corre no trânsito para não perder tempo. O comportamento é o mesmo; as necessidades são muito diferentes.

A dificuldade de saber que necessidades específicas estão por trás de determinado procedimentos é problema com o qual se defronta qualquer organização que esteja tentando motivar sua equipe. Uma grande empresa de *software* vinha tendo dificuldades para conservar alguns dos seus programadores mais brilhantes. Despendia muito tempo e dinheiro treinando-os, apenas para vê-los partir depois de um ou dois anos e ir para outras empresas. A companhia pagava altos salários a essas pessoas, oferecia excelente ambiente de trabalho e benefícios adicionais além da norma da indústria. Ainda assim, os funcionários continuavam se demitindo.

O erro que os administradores superiores haviam cometido fora supor que aquelas pessoas eram primordialmente motivadas pelas necessidades materiais. Ao investigar quais seriam os reais desejos delas, descobriram uma profunda necessidade de autonomia pessoal, criatividade e auto-expressão. Mas o tamanho e a complexidade dos projetos nos quais estavam trabalhando exigiam equipes de dez pessoas ou mais, e poucas eram as oportunidades de satisfazer essas necessidades mais pessoais. Na maior parte das empresas para as quais os jovens funcionários estavam se transferindo, os projetos eram menores e as equipes mais íntimas, possibilitando a maior expressão da criatividade individual.

Outro exemplo de motivação malcompreendida ocorreu algum tempo atrás, numa plantação de chá na Índia. O proprietário decidiu aumentar a motivação dos seus empregados dobrando o salário. Como resultado, eles se reduziram à metade.

Nossa busca comum

Por trás de todas essas várias forças motivadoras encontra-se uma motivação comum a todos nós. O que quer que façamos, fazemos porque temos a esperança de que, de uma forma ou de outra, ela reduzirá o mal-estar interior ou fará com que nos sintamos melhor. Em palavras mais simples, nosso propósito subjacente é um estado de espírito mais feliz. Esta é a nossa motivação mais fundamental que sustenta tudo o que fazemos e que é compartilhada por todos nós.

Comemos porque sabemos que não gostamos de sentir fome. Podemos procurar uma promoção porque acreditamos que ela nos fará mais felizes. Podemos tentar fazer bem um trabalho pela satisfação que isso nos traz. Alguns ouvem música para relaxar. Outros buscam a solidão porque crêem que ela lhes dará paz de espírito. As pessoas podem ajudar as outras porque isso lhes dá satisfação. Algumas até cometem suicídio porque isto parece-lhes melhor que continuar a sentir o que sentem. O que quer que façamos, estamos procurando aumentar nosso bem-estar interior.

Isso se aplica inclusive às necessidades básicas discutidas acima. Elas também são abastecidas por esta busca. Acreditamos que a segurança nos trará paz de espírito; que obtendo reconhecimento, teremos felicidade; que o controle nos dará uma sensação de liberdade; que sentir-se integrado nos fará sentir melhores; ou que a auto-realização nos trará satisfação.

Contudo, em nossos corações, sabemos também que não precisam ser necessariamente esses. Temos conhecimento de pessoas que têm toda a segurança com que poderiam sonhar, e, no entanto, não têm paz; de indivíduos que obtêm o reconhecimento do mundo, mas que não encontraram a satisfação interior; e de pessoas que têm controle, influência e poder ilimitados, e ainda assim não são felizes. Esquecemos muito facilmente que não é a segurança, o reconhecimento ou o controle que realmente queremos, mas sim paz de espírito.

Reconhecer isso em nossa vida diária é fundamental para alcançar a felicidade que tanto buscamos. Mais uma vez, algumas perguntas simples poderão ajudar. Sempre que se perceber apegado à idéia de que alguma coisa é necessária para o seu bem-estar e felicidade interiores, tente perguntar a si mesmo:

- Se não conseguir o que quero, ainda assim posso ter paz de espírito?
- Mesmo obtendo o que quero, realmente terei paz de espírito?

Podemos acreditar que apenas alcançando nosso objetivo de venda conseguiremos ser felizes ao final do ano. Mas isso é mesmo verdade? Podemos dizer a nós mesmos que, se não recebermos a promoção que temos

140

buscado, não poderemos ser felizes. Mas é realmente assim? Ou podemos acreditar que nosso parceiro tem de agir de determinada maneira para que sejamos felizes. Mas isto é verdade? E mesmo se fosse, nós teríamos a realização?

Importa reconhecer que sempre temos uma escolha. Podemos decidir de que maneira percebemos e julgamos determinada situação, e assim escolher a forma de responder. Se consideramos as coisas como uma ameaça — ameaça a um juízo de valor que diz o que temos de ter para estar em paz — então não alcançaremos a paz. Por outro lado, embora talvez não seja fácil, existe sempre a possibilidade de ver as coisas de maneira diferente, como oportunidades e não como ameaças.

Esta escolha da percepção é uma escolha que fazemos a cada momento do dia. Quanto mais aprendemos a exercitar essa escolha, mais poderemos ser os donos dos nossos pensamentos, dos nossos sentimentos e do nosso comportamento. E mais livres seremos para responder criativamente às situações em que nos encontramos.

Capítulo 9

Administração Criativa com as Outras Pessoas

Ninguém é suficientemente sábio sozinho.

Tito Maccius Plautus (200 a.C.)

Crianças brincando na rua poderiam solucionar alguns dos meus maiores problemas na física, pois elas possuem tipos de percepção sensorial que há muito perdi.

J. Robert Oppenheimer

Os administradores criativos não estão preocupados apenas com suas realidades interiores: são homens e mulheres de ação. Como tais, estão inevitavelmente em interação com outros e, através desta interação, o poder e a influência dos seus impulsos criativos são ampliados.

Trabalhar com outras pessoas permite-nos ir além das nossas fraquezas e limitações pessoais. Permite-nos utilizar recursos que estão além dos meios de qualquer pessoa, e passar dos esforços pessoais para operações em larga escala. Este esforço grupal é a pedra fundamental de qualquer organização.

Assim, embora seja importante para nós desenvolver nossos recursos internos, é igualmente importante dedicar-nos aos nossos relacionamentos com as outras pessoas, e sustentá-las no seu processo criativo.

Relacionamentos criativos

Embora sejamos indivíduos, não somos criaturas isoladas. Estamos sempre nos relacionando com as outras pessoas, no trabalho, em casa ou na nossa comunidade social. Esses relacionamentos podem estender-se de relações pessoais íntimas até relações profissionais mais formais, e de contatos diários até aqueles contatos que fazemos apenas ocasionalmente. Todavia, embora nossas relações possam ser importantes e ubíquas, a maioria das pessoas as considera uma das áreas mais difíceis da nossa vida. Poucos diriam que não precisam melhorar nessa área.

Muitos tratam essas relações como alguma coisa "exterior", sobre a qual têm pouca influência. Elas são boas, más ou indiferentes, e pronto. As pessoas costumam dizer: esse é o jeito da outra pessoa. Mas não vêem que a qualidade da nossa interação é de nossa responsabilidade mútua. Nesse sentido, um relacionamento é algo que criamos. E nele o processo criativo está sempre presente.

As relações podem passar por períodos de frustração. Um dos nossos colegas talvez não aja como gostaríamos; talvez não entendamos um cliente; ou talvez achemos que não nos ouvem. Existem muitos períodos de incubação, nos quais nos sentimos separados de nossos companheiros, e deixamos a relação esfriar. Existem momentos de introvisão, quando compreendemos mais claramente a realidade de outrem, percebemos por que ele é como é e experimentamos uma relação mais íntima com ele. Existe o processo contínuo de "elaborar" a relação, solucionando mal-entendidos, integrando diferentes necessidades e trocando novas idéias. Além disso, tudo o que acontece entre duas pessoas pode ser visto como parte de uma contínua "preparação" para interações futuras.

Quando atentamos para a qualidade dos nossos relacionamentos, via de regra nos concentramos nas nossas relações pessoais mais íntimas. Contudo, é igualmente importante alimentar e cuidar das nossas relações profissionais, pois estas influenciam diretamente a qualidade do nosso trabalho. Um dos capitães da indústria, entrevistado em *The New Agenda*, de Francis Kinsman, disse a respeito do futuro dos negócios:

> A importância das relações interpessoais é fundamental e bons administradores de pessoas — pessoas pessoas — serão muito necessários no mundo dos negócios como um todo. A revolução na comunicação indica que haverá uma barreira entre a geração mais antiga de administradores e uma nova geração com essas novas aptidões... Não se trata apenas de uma questão de comunicação, mas na realidade de alguma coisa mais próxima de união de pessoas — o sentimento de unidade.

Esta visão foi reiterada por outro líder empresarial, Robert Staubli, presidente da Swissair, durante um simpósio europeu sobre questões a longo prazo sobre o futuro:

> Existem fortes razões para enfatizar — alguns poderiam dizer superenfatizar — o trabalho sobre a aptidão da comunidade. Numa empresa, a perda de potencial no desempenho vai de 30 a 50%, em razão de problemas de relacionamento, conflitos não solucionados, inibições, relações problemáticas, liberdade insuficiente e falta de oportunidade de desenvolvimento. Creio que esta estimativa é cautelosa.

Entretanto, elaborar nossos relacionamentos não é fácil. Assim como muitos dos outros aspectos, menos materiais e menos palpáveis das nossas vidas, muito pouco (ou nada) aprendemos na escola ou na universidade sobre esta parte. A maioria de nós cresce com pouca consciência dos cuidados e atenção que ela requer. Então, mais tarde, quando passamos a perceber a importância de trabalhar nossas relações, provavelmente desco-

143

brimos que não dispomos da compreensão e das habilidades interpessoais necessárias. Não sabemos como assumir a responsabilidade por elas. Às vezes acreditamos que o outro devia cuidar melhor da relação. Outras vezes, vivemos na esperança de que as relações funcionem mais ou menos de forma espontânea. Mas isso raramente ocorre.

Comunicação

A essência de qualquer relacionamento é a comunicação. De uma ou outra forma ela aproxima as pessoas. Ela é a estrutura da sociedade humana.

A palavra "comunicação" vem do latim *communis*, cujo significado é "comum" ou "partilhado". No seu sentido original, trata-se da criação de uma compreensão comum, é a partilha de experiência entre as pessoas. Isso pode assumir formas diferentes. É possível partilhar agendas, estratégias, objetivos, problemas, desejos, notícias, ou mesmo mexericos fúteis. Pode-se compartilhar experiências, idéias e introvisões passadas, esperanças e medos, sentimentos e emoções. Pode-se fazê-lo através de palavras, da linguagem corporal, dos olhares que trocamos, do tom da nossa voz e também através de tudo o que não dizemos. Podemos compartilhar através da música, da arte, da dança e de todas as demais expressões da nossa criatividade.

Contudo, é espantoso como podemos ser descuidados com algo tão importante para a nossa vida e para o nosso trabalho. Em geral, somos muito cuidadosos com as coisas partilhadas fisicamente — como uma propriedade, uma empresa ou dinheiro; entretanto, demonstramos muito menos cuidado quando se trata de compartilhar nossos pensamentos e emoções. Via de regra, uma comunicação não resulta numa experiência partilhada. No mais das vezes assemelha-se mais a algo como a declaração: "Sei que você acredita que entende o que pensa que eu disse, mas não tenho muita certeza se percebe que o que você ouviu não é o que eu queria dizer."

A comunicação, por ser um fluxo de informações entre pessoas, envolve-nos como emissores e receptores. Por conseguinte, melhorar a qualidade da nossa comunicação exije nossa atenção tanto para a mensagem que emitimos e para a forma como a emitimos quanto para nossa capacidade de receber o que as outras pessoas nos dão.

A partilha dos sentimentos

Grande parte do que compartilhamos em nossas interações permanece no nível das idéias e experiências. Relatamos o que tem nos acontecido, partilhamos nosso saber, explicamos nosso pensamento, fazemos perguntas, oferecemos respostas, mostramos nossas intenções, concedemos informações, damos instruções a outras pessoas, revelamos nossos desejos, etc.

144

Mas isso não é tudo quando se trata de comunicação. Ela se tornará mais substancial e valiosa se conseguirmos criar uma atmosfera de abertura, confiança e respeito mútuo, de forma que também possamos partilhar nossos pensamentos e intimidades mais pessoais, nossos sentimentos e emoções, nossas esperanças e medos, nossas vulnerabilidades e dúvidas, nossas sensibilidades e intuições, nossas empolgações e alegrias, nossos ideais e verdades. A verdadeira comunicação envolve a partilha de toda e qualquer experiência de vida — de formas verbais e não-verbais.

Cada vez mais as pessoas vêm valorizando a necessidade de formas de comunicação mais profundas e pessoais. Contudo, muitas também descobrem que isso não é fácil. Se nossa interação até agora em grande medida limitou-se a fatos e números, objetivos, estratégias, desempenho e acordos, podemos ter muita dificuldade em começar a falar dos nossos sentimentos.

Por trás dessa dificuldade está o fato de que a maioria de nós nem mesmo possui o vocabulário correto. É surpreendente a freqüência com que um administrador, quando lhe perguntam como ele se "sente" a respeito de alguma coisa, responde: "Eu acho..." seguido de algum julgamento ou avaliação do mérito ou validade do tema em questão: "Acho útil para nós", ou "Acho que não devia ser permitido." Em geral, pode demorar algum tempo até ele perceber que essas afirmações não são sentimentos, mas pensamentos. Quando ele começa a compreender a diferença, ainda poderá ser necessária alguma exploração interior até ele encontrar as palavras certas: "Estou frustrado porque esta reunião não teve o resultado que eu esperava", "Estou ressentido porque...", "Estou esperanço...", "Estou em dúvida", ou "Estou satisfeito".

Aprender a expressar nossas emoções pode exigir muita prática. Mesmo quando temos o vocabulário e sabemos o que estamos sentindo interiormente, nem sempre é fácil compartilhar nossos sentimentos com as outras pessoas. Podemos ter medo de ficar constrangidos, de parecer tolos ou frágeis, ou então temer as reações dos outros. Todavia, este pode ser um passo valioso em praticamente todas as áreas do mundo dos negócios. No caso da empresa química mencionada no Capítulo 2, só depois que as pessoas expressaram suas emoções, a resolução tornou-se possível. Embora no nível de idéias houvesse uma polarização, os sentimentos eram comuns. Mas precisaram compartilhá-los antes de conseguirem ver esta polarização.

Falando a verdade

Talvez a lição mais importante da comunicação, a lição que muitos têm de aprender repetidas vezes, seja sempre falar a verdade — embora isso não signifique falar tudo. Não ser aberto e honesto com os próprios sentimentos pode aparentemente nos ajudar com as dificuldades de curto prazo num relacionamento, mas não será de muita valia a longo prazo. Se não comunicarmos o que é verdadeiro para nós, dificilmente poderemos esperar que a qualidade da nossa relação permaneça elevada.

O vice-presidente de recursos humanos de uma empresa americana de varejo de roupas explicou isso muito bem:

> Muitos desses caras dissimulam suas tensões. Não acordamos para o fato de que escondê-las é uma ameaça maior do que expô-las. Fazer com que expliquem por que ficam ansiosos da mesma maneira como falam de orçamentos, margens, estratégias e marketing e do último treinamento que freqüentaram é o mais difícil. O problema é estar pronto para correr o risco e expor sua vulnerabilidade. É tudo uma questão de ser honesto com os demais.

Ser verdadeiro não significa que sempre dizemos coisas que, nós sabemos, as outras pessoas consideram prejudicial, ou contamos tudo o que vai no nosso íntimo. Mas significa não dizer coisas inverídicas. Se, quando nos perguntam como vamos, replicamos "Bem", mesmo sabendo no fundo que não estamos bem, que não estamos dizendo a verdade. Apenas recorremos a uma saída fácil — e, no mais das vezes, a outra pessoa sabe disso. Seria mais honesto dizer: "Não, não estou bem, mas acho que não posso (ou não quero) falar sobre isso no momento."

Tampouco dizer a verdade significa que temos de revelá-la sem pensar e diretamente — ainda por cima desajeitadamente. É preciso tomar cuidado com o processo. Se, por exemplo, queremos dizer a alguém uma verdade incômoda, em geral é muito mais fácil para nós (e para a outra pessoa) se primeiro compartilhamos nossos verdadeiros sentimentos. Podemos dizer: "Olha, tem uma coisa que preciso dizer, mas estou com dificuldade de começar e tenho medo da sua reação. Também não sei se vou conseguir me expressar claramente, e tenho medo que você não me entenda bem". Dizer isso é tão honesto quanto revelar abruptamente os outros fatos mais desagradáveis. Partilhando em primeiro lugar nossas verdades emocionais, ampliamos a forma de nos relacionar. De modo geral, torna-se então mais fácil falar das questões mais delicadas.

Colocando as cartas na mesa

Comunicar essas verdades ocultas mais profundas é essencial para a eficácia da nossa atuação em grupos. Empregados exigem cada vez mais a comunicação plena e verdadeira — com seus patrões, com seus colegas e consigo mesmos. Embora queiram um ambiente caloroso e amigável, também desejam que a honestidade seja valorizada. Eles querem ver os problemas difíceis colocados na mesa e não empurrados para debaixo do tapete

146

ou atenuados com meias-verdades. Resumindo sua pesquisa sobre administração sênior, Francis Kinsman escreve:

> Os administradores terão de ser mais comunicativos com os empregados, expondo sua própria vulnerabilidade e seus erros, tornando-se receptivos à mente dos funcionários. Um crescimento subseqüente de respeito mútuo significará que é mais fácil fazer as coisas a longo prazo. Antes disso, porém, será necessário em primeiro lugar que os administradores mostrem sua humanidade. A administração pode ousar exibir seus problemas pessoais e abrir-se com os funcionários? E, neste caso, os funcionários ousarão ouvir? A resposta, inegavelmente, é sim.

Colin Marshall, executivo-chefe da British Airways, falando no Instituto de Diretores em Londres, apresentou esta questão de maneira mais sucinta: "Diga sempre a verdade... em geral dá certo." Pode ser que nem sempre seja fácil mas, segundo observou o inventor/arquiteto/filósofo Buckminster Fuller: "Se todos falassem a verdade e apenas a verdade, o tempo todo, não haveria problemas no mundo."

Revelar nossas idéias não-verbalizadas pode ter outras vantagens. Um de nós, recentemente, reuniu-se por uma tarde com duas colegas para discutir possíveis formas de continuar o nosso trabalho juntos. Quando já estávamos prestes a terminar, uma delas falou: "Tem uma idéia que não sai da minha cabeça. Parece tola, e provavelmente vocês dois não aceitarão, mas que tal afastar-nos por alguns dias, juntos, para explorar algumas coisas que estão realmente nos empolgando depois convidar alguns amigos da organização para participarem da segunda metade, e fazer um programa espontâneo?" Nós dois aprovamos a idéia de imediato. Respeitando sua voz interior e expressando-a, por mais tola que pudesse parecer a idéia, ela havia apresentado a proposta mais empolgante da tarde.

Ecos da frase curta do nosso amigo Ray Gottlieb imediatamente vieram-me à mente: "Revele a sua agenda secreta; esta pode ser a melhor idéia."

Saber ouvir

A grande maioria de nós não está apta a expressar os próprios mundos interiores, sendo ainda mais incapaz de acolher o que os outros têm a dizer. Às vezes nem mesmo ouvimos as palestras que a outra pessoa está dizendo, muito menos compreendemos a real intenção que está por trás delas. Com freqüência estamos mais interessados nas mensagens que enviamos do que em receber as mensagens que nos enviam. Todavia, saber ouvir é fundamental em qualquer comunicação — e em qualquer relacionamento.

Assim como ocorre com a expressão deficiente, o preço de não saber ouvir é alto. Michael Ray e Rochelle Myers mostram em seu livro, *Creativity in Business*, que:

> Por não saber ouvir, bilhões de dólares de perdas acomulam-se: cartas redatilografadas, compromissos desmarcados e marcados de novo; carregamentos transportados por outra rota, colapso nas relações de trabalho, pedidos de vendas malcompreendidos e entrevistas de trabalho que nunca acontecem.

Além disso, não basta apenas ouvir as palavras; precisamos também aprender a compreender o que existe por trás delas. Certo administrador sênior do Serviço de Saúde Nacional, mencionado há pouco, sentia que seus colegas nunca entendiam realmente as suas dificuldades. Já vimos exemplos de administradores de marketing que tinham a sensação de que sua última linha de produtos não ia vender bem, mas como não expressavam seus palpites com facilidade, não foram ouvidos, até que já era tarde demais. Existem inúmeros casos de pessoas que dizem "está bem", mas na verdade querem dizer o contrário.

Tomemos por exemplo o diretor administrativo de uma empresa manufatureira que, durante um longo período, preocupou-se com um dos seus administradores gerais. O administrador geral insistia em afirmar que tudo estava bem e que ele agüentava firme. O diretor administrativo tomou as palavras do funcionário pelo seu significado manifesto mas não percebeu a mensagem subjacente. Quando se deu conta, ficou muito preocupado com o que descobriu:

> Agora, pela primeira vez, começo a compreender como ele se sente, e estou percebendo como ele está tenso. Ele sempre foi tão confiante e dedicado à empresa, e sempre obedeceu às diretrizes recebidas. Mas a comunicação sempre foi de mão única, de nós para ele. Ele não era ouvido. Agora precisamos agir com rapidez; caso contrário, sem dúvida ele poderá tornar-se um homem muito doente.

Sabemos que a comunicação é um processo bidirecional, envolvendo emissor e receptor; contudo, muitas vezes agimos como se a boa comunicação fosse apenas uma questão de ser um emissor perito e educado. Isso acontece em parte porque a capacidade de ouvir é ensinada a poucos de nós. É muito mais fácil ensinar as habilidades de se expressar claramente, aptidões palpáveis, por serem coisas que podemos *fazer*. Contudo, saber ouvir não é algo que você faz como uma atividade; trata-se, isso sim, de uma atitude mental e de um exercício de atenção. É um processo interior e, por conseguinte muito mais difícil de tratar.

Neste sentido, ouvir assemelha-se muito às fases interiores do processo criativo. A preparação e a execução são coisas que podemos *fazer*, e o nosso aprendizado oferece-nos diversas habilidades e técnicas para essas fases. Todavia, administrar os estágios de frustração, incubação e introvisão é muito mais difícil. São estágios mais misteriosos, muito menos palpáveis e mais difíceis de "ensinar".

Trabalhamos com essas fases mais íntimas limitando-nos a dar um passo atrás e a procurar ouvir intimamente o que estamos tentando dizer a nós mesmos. Estamos ouvindo a nossa própria voz interior. Portanto, não será surpresa perceber que as qualidades mentais tão importantes para esses aspectos da criatividade — e receptividade, a descontração e uma mente aberta — são também a chave para ouvir bem as outras pessoas.

Saber ouvir e discurso interior

Assim como ocorre com a criatividade, em geral nossos juízos de valor prejudicam o saber ouvir. Eles se apresentam como o "discurso interior" que acontece na nossa mente. Eles não são a voz interior tranqüila que discutimos no capítulo anterior. São uma voz muito mais consciente e alta que interrompe nossa reflexão. São a voz que quer contribuir com o que está sendo dito; que diz: "Sim... mas...", e começa a dar nossa resposta. São a voz que pondera: "Qual é o programa oculto dele?" "Ele entendeu o que eu disse?" "Ela está percebendo o que eu quero dizer?" "Devo fechar o negócio agora?" "Quando eles vão terminar?" São a voz que preferia que não houvéssemos iniciado esta conversa e que diz: "Aposto que ele estava falando com o meu patrão" — que de súbito lembra que precisamos telefonar para uma pessoa.

Às vezes este discurso interior pode ser útil, mas também pode interferir quando estamos ouvindo. Podemos nos concentrar em apenas uma coisa de cada vez. Enquanto nossa atenção está voltada para a voz em nosso pensamento, não ouvimos de todo a voz da outra pessoa.

O nível de discurso interior em geral pode ser reduzido, bastando apenas tomar consciência dele. Perceber que saímos por uma tangente interior pode ser o suficiente para despertarmos e voltarmos toda a nossa atenção para a outra pessoa — isto é, supondo que a nossa intenção seja ouvir. Se formos verdadeiramente honestos como receptores, poderemos inclusive interromper o interlocutor e dizer: "Desculpe, distraí-me um instante. Você poderia repetir esta última parte para que eu tenha a certeza que entendi?" Apesar de ser constrangedor para a maioria de nós admitir tal coisa — e desta forma preferirmos não ouvir tão plenamente — poucos interlocutores consideram essa interrupção ofensiva. Mais freqüentemente, eles apreciam a nossa disposição para ouvir e compreender.

A longo prazo, nosso discurso interior pode ser mais uma janela aberta para nós. De modo geral, ele provém de algum medo interior. Talvez tenhamos medo de não ter oportunidade para nos expressar; de não estar controlando a situação; de o outro não nos aprovar ou de não conseguir o que queremos. Em geral, esses receios são irracionais; surgem apenas porque algum juízo de valor ou necessidade é ameaçada. Perceber o tipo de discurso interior que se repete na nossa mente durante uma conversa permite-nos retroceder e tomar consciência dessas questões mais profundas e estar menos à sua mercê. Assim, de algum modo paradoxal, conquanto nosso discurso interior possa bloquear a nossa capacidade de ouvir, escutar de fato o que esse discurso está nos dizendo pode libertar-nos para ouvir mais plenamente as outras pessoas.

O retorno na comunicação

Enquanto ouvimos, devemos lembrar que não podemos saber se entendemos ou não sem receber um retorno.

Alguém pode perguntar: "Você entendeu?" Talvez respondamos, "sim", na convicção de que entendemos, mas como saber? Nós "ouvimos realmente o que ele queria dizer"? A única maneira de saber é verificar.

Antes de reagir ao que a outra pessoa disse, poderíamos argumentar: "Deixe-me apenas ver se entendi bem. Você disse que..." e então resumimos brevemente o que a pessoa disse com nossas próprias palavras. Mais uma vez, muitos de nós têm dificuldade nisso — sobretudo porque as pessoas não costumam fazê-lo. Mas invariavelmente proporciona uma comunicação mais clara, e em geral corta os equívocos pela raiz.

Dar o retorno na comunicação, via de regra, parece totalmente desnecessário. Pediram a um administrador que conhecemos para fazer isso como exercício, e ele se mostrou bastante relutante em praticar o retorno com seu patrão. "Sei o que ele está dizendo", argumentou. "É fácil entender, e ele já me disse isso antes."

Contudo, quando afinal ele disse o que achava que havia sido dito, surpreendeu-se ao ouvir o chefe replicar: "Não, você não ouviu o trecho mais importante." Neste caso foram necessárias várias trocas até o administrador ser capaz de resumir a mensagem de maneira satisfatória para o patrão. Se ele não tivesse feito isso, o equívoco oculto sem dúvida teria continuado a perturbar o relacionamento de ambos por mais alguns anos.

Além de assegurar uma comunicação clara, dar o retorno também melhora a nossa capacidade de ouvir. Ter a intenção de resumir o ponto de vista do outro pode ser de grande valia para concentrar a nossa atenção no que a outra pessoa está dizendo. Nossa intenção de ouvir será muito maior e a voz em nossa mente bem mais silenciosa.

150

Ao fazer esse esforço para ouvir melhor, na verdade estamos dizendo: "Eu quero ouvi-lo", "Eu quero entendê-lo melhor", "Eu quero valorizar o que é verdadeiro para você". Isso não só melhora a comunicação como também exerce um efeito fabuloso na qualidade do nosso relacionamento. Quando começamos a ouvir mais plenamente as outras pessoas e, assim, somos mais bem ouvidos por elas, em geral descobrimos não apenas as diferenças entre nós, como também a extensão dos pontos que temos em comum.

151

COMO VALORIZAR A DIFERENÇA

Em nível profundo, todos somos muito semelhantes. Todos procuramos melhorar o nosso bem-estar interior. Todos possuímos valores que, de uma forma ou de outra, queremos expressar. Todos temos necessidades que procuramos satisfazer, embora a natureza da necessidade varie de pessoa para pessoa. Todos temos juízos de valor — alguns nos ajudam enquanto outros nos atrapalham. Todos somos submetidos à pressão, mas reagimos de maneiras diferentes; alguns consideram determinada exigência como um desafio bem-vindo, outros podem considerá-la uma grande ameaça. Da mesma maneira, o processo da criatividade é fundamentalmente igual para cada um de nós; contudo, todos temos áreas nas quais somos fortes e confiantes, e outras em que somos mais fracos.

Valorizar as diferenças é a chave para a administração vitoriosa, como Ralph Kilmann mostrou com tanta clareza em seu livro *Beyond the Quick Fix*:

> Os administradores mais esclarecidos da atualidade são aqueles que se orgulham de pedir ajuda a quem quer que possa dá-la. Esses administradores conhecem as suas limitações e as aceitam como parte de sua contribuição humana. Eles são os primeiros a reconhecer o que podem fazer com eficiência sozinhos e quando precisam pedir a ajuda de outras pessoas. Não se trata de massagear egos — trata-se de fazer o que é necessário para solucionar problemas complexos. O administrador esclarecido busca a diversidade de energia como parte natural e constante do seu trabalho.

À medida que os problemas que devemos atacar se tornam cada vez mais complexos e inter-relacionados, o trabalho de equipe se torna cada vez mais uma necessidade. Contudo, abandonar nossos juízos de valor relativos à independência pode ser difícil. O recém-empossado diretor de uma empresa de frutos do mar esforçava-se por encontrar novas maneiras de alinhar sua organização com as necessidades da década de 90. O diretor administrativo de uma tradicional empresa desse tipo tinha de ser "todas as coisas para todas as pessoas". Ele era o comprador, o administrador de produção e o vendedor. Hoje o mercado em mudança acelerada e a crescente pressão à qual está sujeita a indústria indicaram a necessidade desse administrador reunir uma equipe de especialistas.

> Temos um conjunto de problemas muito mais complexo do que há quinze anos. Os regulamentos da CEE para a pesca, a criação de peixes pelos japoneses, o *dumping* de estoques, a crescente sofisticação e o discernimento do consumidor e as novas práticas de mercado indicam que não posso mais planejar o negócio sozinho. Hoje em dia, tenho de recorrer às aptidões da nossa equipe de administradores de nível superior.

Nenhum de nós pode fazer tudo sozinho. Não podemos sequer chegar perto dessa idéia, embora às vezes acreditemos que seja possível. Não apenas precisamos trabalhar juntos, como dependemos uns dos outros. Nossas habilidades são diferentes e cada um de nós oferece alguma coisa diferente para o grupo, e é isso que torna o negócio possível. Precisamos ter a humildade e a coragem de reconhecer nossas limitações e fazer a empresa funcionar como um todo, caso contrário não sobreviveremos por muito tempo.

Reconhecer a necessidade do trabalho de equipe permeia todas as organizações e todos os níveis de administração, desde o topo até o andar da fábrica. Os números de equipes aumentam na maioria das agendas internas; diversas experiências têm sido tentadas e importantes idéias e práticas vêm sendo obtidas na compreensão de como as equipes funcionam. Diferentes teorias e modelos têm sido desenvolvidos e existe hoje uma variedade de métodos de exploração de papéis individuais e de perfis de equipes. Contudo, apesar desse contínuo investimento de tempo e energia, muitos ainda consideram a montagem de uma equipe um processo misterioso.

Ainda que grande parte do trabalho de elaboração de equipes tenha avançado muito no que diz respeito à compreensão das complexas questões sociais e interpessoais em jogo, existem problemas pessoais mais profundos que precisam ser enfocados. Raramente eles são expressos e sua observação é difícil. Mesmo quando são expressos, podem não se encaixar com facilidade nos modelos.

Em geral, consideramos essas características humanas mais impalpáveis e enigmáticas como fraquezas desnecessárias e pontos fracos pessoais. Esperamos que as pessoas ajam sem idéias ocultas ou necessidades pessoais — isto é, que sejam o membro da equipe perfeitamente racional. Infelizmente, membros de equipe tão perfeitos não existem.

Isso não quer dizer que os modelos atuais estejam errados, mas apenas que são parciais. É igualmente importante aprender a administrar os processos humanos mais imprevisíveis que são encontrados em todas as equipes.

O aspecto humano na equipe

Atentar para essas dimensões mais desorientadoras pode, como já vimos, constituir tarefa mais desafiadora do que administrar os aspectos mais familiares e palpáveis. Isso ficou bastante claro com um grupo de administração sênior de um cliente. Ao longo de doze anos, o presidente da empresa organizava uma equipe de pessoas capazes e experientes, todas comprometidas com a empresa. Os membros se conheciam bem, reconheciam as fraquezas e capacidades dos demais, e percebiam a importância do trabalho em conjunto como uma equipe forte. Todavia, nos últimos anos parecia que estava faltando alguma coisa. O presidente da empresa considerou que estava na hora de toda a equipe passar alguns dias nas montanhas. Lá poderiam divertir-se juntos, longe das exigências do escritório, e passariam a se conhecer melhor. Ao mesmo tempo, poderiam chegar a um acordo a respeito dos objetivos corporativos para o ano seguinte e as estratégias de longo prazo, renovando desta forma o espírito de equipe. Para dirigir um programa empolgante e enchê-los de entusiasmo, o presidente acreditava dispor, com a nossa ajuda, de uma boa fórmula para o sucesso.

Contudo, logo no primeiro dia perto da hora do almoço, ficou claro que seria necessário muito mais do que isso. A linguagem corporal, o tom de voz, as observações estranhas de alguns e o silêncio de outros sugeriam que muita coisa não estava sendo dita. Com algum encorajamento, os sentimentos ocultos começaram a aflorar lentamente — e surpreenderam a muitos do grupo, em especial o presidente.

Evidentemente, eles se conheciam bem em termos de experiência, habilidades, preferências e aversões de cada um e de como reagiriam em determinada situação, ou de como responderiam a um desafio específico. Mas o conhecimento parava aí. Eles não se conheciam realmente em termos do que era importante para eles e por que agiam da forma como agiam.

Uma das coisas mais surpreendentes que aflorou referia-se à atitude do diretor financeiro para com o presidente, a respeito de um problema ocorrido dez anos antes. Todo o grupo tinha conhecimento da discordância do passado e todos achavam que, como a questão fora resolvida e nunca mais fora citada, o racha entre eles havia sido selado e esquecido. Aparentemente era o que tinha acontecido, mas não na cabeça do diretor financeiro. Embora tivesse deixado de ser uma questão importante, ele ainda sentia que fora mal compreendido e interpretado durante todos aqueles anos, e receava uma repetição. Esse medo não fazia com que perdesse o sono e ele tinha consciência de que provavelmente era irracional e injustificado, dadas as atuais circunstâncias; ainda assim, o problema continuava no fundo do seu pensamento, impedindo-o de se sentir completamente à vontade com o grupo.

Medos não-expressos como este são o veneno incipiente de qualquer relacionamento. Sempre parece mais fácil ficar calado e evitar parecer tolo ou aborrecer a outra pessoa. Contudo, o simples fato de estarem negando a questão cria uma separação entre as pessoas envolvidas. Parte da nossa função consistiu em criar um ambiente seguro no qual o diretor financeiro não se sentisse julgado e os outros estivessem abertos para ouvi-lo. Com certa dificuldade, ele começou a falar da sua preocupação com o resto do grupo. À medida que foi desabafando, descobriu que o empecilho não era

154

o receio de que algo semelhante acontecesse de novo, mas o medo de parecer irracional para o restante da equipe.

O grupo ficou um tanto surpreso ao ouvir que, depois de todos aqueles anos, ele ainda alimentava um leve ressentimento em relação ao presidente — principalmente o próprio presidente, que pensava que tudo havia sido esquecido. Contudo, a reação do grupo não foi de crítica ou de rejeição, mas de alívio. Agora eles podiam entender por que às vezes ele agia da forma como agia nas reuniões. Não se tratava apenas de um traço da sua personalidade; havia um motivo.

Como resultado, depois de compartilhar melhor o seu mundo interior, ele passou a se integrar mais no grupo. E quanto mais os colegas o entendiam, mais eram capazes de abrir-se com ele. Contudo, o resultado mais significativo foi a grande transformação em seu relacionamento com o presidente. Os dois conseguiram curar o passado como não fora possível fazer durante tanto tempo, porquanto uma parte do passado se mantivera oculta.

Depois que o diretor financeiro partilhou suas inquietações, outros do grupo conseguiram falar mais livremente de si mesmos. Um deles conseguiu abordar pela primeira vez a sua necessidade de segurança e como isso afetava a sua vida, incluindo seu trabalho na empresa. Outro, que sempre fora o caladão do grupo, considerado pelo presidente como o membro menos enérgico da equipe, começou a falar de sua timidez e então disse qual era a sua opinião sobre a empresa, revelando uma dedicação ao trabalho muito mais plena do que qualquer um deles poderia imaginar.

O grupo, afinal, não teve um fim de semana excitante como esperava. Ao contrário, começaram a ver o que estava realmente faltando na equipe: a verdadeira comunicação. Foi um momento para a descoberta do grupo, o desenvolvimento para uma compreensão mútua e mais profunda, fornecendo os alicerces para uma equipe muito mais sólida.

Como administrar o trabalho de equipe

Dirigir uma equipe nem sempre é tão fácil quanto no caso acima. No mais das vezes trata-se de um processo contínuo, com suas frustrações, aprendizados e rupturas. Em vez de levar as equipes para o campo e enchê-las de entusiasmo, ou então para reuniões francas, em geral, exige-se a consciência constante das inquietações humanas presentes em qualquer grupo de pessoas, bem como a capacidade de lidar com o processo de equipe.

Dentro dessa dinâmica de grupo mais pessoal e sutil, encontramos de novo elementos do processo criativo em ação. As pessoas não costumam formar de imediato uma equipe; em geral, precisam de um período inicial de "preparação" e adaptação. Existem períodos de frustração e desconforto, quando as pessoas começam a encontrar seu lugar no grupo ou abordar questões não resolvidas. Existem ocasiões em que as pessoas podem ter necessidade de trabalhar sozinhas, e outras ocasiões em que toda a equipe precisará fazer um intervalo para a "incubação". Para facilitar o surgimento de novas idéias e de rupturas, é importante um ambiente receptivo. E, por fim, existem ocasiões de intensa atividade, quando alguns ou todos os componentes do grupo estão ativamente envolvidos na "elaboração".

Quanto ao processo criativo, muita coisa pode ser feita visando facilitar aspectos interiores do processo de equipe:

- Dedique algum tempo no começo da reunião para as pessoas falarem rapidamente sobre quem são, o que estão sentindo e, quando indicado, suas esperanças e medos, bem como sobre quaisquer questões com que possam estar envolvidos. Não force nada mas concentre-se na criação de um ambiente no qual esse diálogo seja possível.

- Não vá direto ao assunto principal. Reconheça que qualquer grupo, por mais que seus componentes já se conheçam, sempre precisa de algum tempo para se aproximar. As pessoas precisam de tempo para se adaptar e sentir-se à vontade; precisam sentir-se ouvidas e aceitas como parte do grupo. Quanto menos se encontrarem e quanto menos se conhecerem, mais demorado será esse processo.

- Coloque as questões humanas na mesa. Embora isso aparentemente possa tomar um tempo precioso, é um investimento que sempre dá certo. Você está criando um clima dentro do qual a equipe trabalhará com mais tranqüilidade e atacará as questões oficiais sobre a mesa com mais eficiência. Você pode achar que isso é o mesmo que mexer em casa de marimbondos, mas se existe uma casa de marimbondos, quanto mais cedo ela for localizada e os marimbondos liberados, melhor — eles podem fazer um mal bem maior se permanecerem escondidos.

- Lembre-se de que a melhor maneira de incentivar as pessoas a falar de questões pessoais é ter coragem você mesmo de falar de quaisquer inquietações e sentimentos que você possa ter. Coloque suas questões ocultas sobre a mesa.

- Acima de tudo, trate os sentimentos e preocupações das pessoas com a mesma sensibilidade, cuidado e compaixão com que gostaria que seus problemas fossem tratados.

Como para a maioria de nós é difícil administrar o processo interior de uma equipe, muitas vezes parece que estamos trabalhando no escuro. Mas se quisermos encontrar a solução que faça as equipes trabalharem bem juntas, teremos de olhar no escuro e também onde há luz. Por este motivo

156

o administrador criativo não é apenas um líder carismático — embora às vezes possa assumir este papel.

Mas, o que é mais importante, ele também administra as pessoas e o procedimento da equipe, permitindo desta forma, aos indivíduos da equipe, administrar seus próprios mundos interiores.

Equipes de criação

Como o processo criativo acontece dentro de nós, a tendência é pensar que o realizamos sozinhos. Contudo, o processo exige de nós uma variedade de habilidades e aptidões — do pensamento analítico e racional até as habilidades de imaginação e de visão; da capacidade de dar um passo atrás e ver as coisas calmamente e em perspectiva até as aptidões dinâmicas e pragmáticas do realizador; da habilidade para descobrir e desafiar nossas suposições até a disposição para ouvir nosso conhecimento interior.

Poucos de nós se destacam em todas essas áreas. Alguns de nós são bons em perceber a essência de um problema; outros, em apresentar novas idéias; e outros ainda em testar ou executar propostas. Evidentemente, se quisermos usar ao máximo nosso potencial criativo e expressá-lo plenamente em nosso trabalho, precisaremos também recorrer à capacidade das outras pessoas.

As formas pelas quais um grupo pode reunir suas habilidades criativas individuais foram exploradas em considerável profundidade por Meredith Belbin, na Faculdade de Administração Henley, Inglaterra. Ele dedicou-se pela formação de equipes que seriam boas na solução de problemas criativos. Sua idéia inicial era reunir pessoas bem-sucedidas em testes de "criatividade" convencionais. Entretanto, essas equipes, repletas de pessoas "criativas", mostraram-se desastrosas na solução de problemas em conjunto.

As razões do fracasso tornam-se claras quando a criatividade é reconhecida como um processo que envolve diversas fases diferentes. A maioria dos testes de criatividade supõe implicitamente que criatividade é ter novas idéias. Assim, em geral, identificam os "pensadores originais" que são bons na fase de criação de idéias. Essas pessoas costumam ser individualistas; quando muitas delas são reunidas em uma equipe, são todas idéias, mas não ação. Ninguém ouve; estão todas demasiado ocupadas em apresentar suas próprias soluções. Não existe uma pessoa para ser o ponto de convergência do grupo; ninguém para avaliar que idéias têm valor e ninguém para colocá-las em prática.

Evidentemente, uma verdadeira equipe de criação precisa ser capaz de lidar com todas as fases do processo da criação. Além dos geradores de idéias, são necessários bons líderes, bons pesquisadores, bons executores e bons construtores de equipe. Ao longo de quinze anos de pesquisa com centenas de equipes de inúmeras indústrias, Belbin descobriu oito papéis diferentes que as pessoas podem representar:

O Instalador — O Pensador Original. Esta é a pessoa com excelente desempenho na maior parte dos testes de criatividade, o "gerador de idéias". Belbin chama-o de "instalador" porque no começo de suas pesquisas essas pessoas eram "instaladas" nas equipes, a fim de ver se intensificariam a criatividade da equipe. Via de regra, parecem retraídas e caladas; mas, em geral, estão pensando, e de súbito apresentam idéias muito originais.

O Pesquisador de Recursos. Este também traz novas idéias para um grupo, mas as idéias provêm da sua interação com os demais e não saem do "nada". Muito mais sociáveis do que o instalador, ele costuma circular, conversar com as pessoas, ver o que os outros estão fazendo, ler, colher idéias novas e desenvolvê-las.

O Presidente. Ele (ou ela) coordena os esforços da equipe para atingir os objetivos e alvos externos. Percebe as fraquezas e pontos fortes dos demais e faz com que todas as vozes sejam ouvidas; mantém o trabalho de equipe em equilíbrio. Recebe as contribuições de cada um, sabe ouvir e, se for preciso tomar uma decisão, sabe fazê-lo com firmeza, em benefício do grupo. Mas o presidente não precisa ser necessariamente o líder da equipe.

O Formulador. Este é outro papel de liderança, que complementa o de presidente, um líder dominador, extrovertido, do tipo "siga-me". Sempre ávido por entrar em ação, ele quer incentivar os outros a segui-lo. Autoconfiante e preocupado com os resultados, ele dá "forma" ao modo de aplicação dos esforços da equipe.

O Monitor Avaliador. Antes um crítico do que um criador, sua contribuição é a análise detida e imparcial das propostas. Às vezes, ressentidos com os instaladores e formuladores com sua abordagem do tipo "Sim... mas...", o monitor-avaliador é a pessoa mais indicada para impedir que a equipe se comprometa com um projeto mal orientado.

O Organizador. Também chamado de "o trabalhador da empresa". Disciplinado na abordagem, ele transforma conceitos e plantas em procedimentos práticos de trabalho. Dê-lhe uma decisão e ele elaborará um plano; dê-lhe um objetivo e ele produzirá um quadro da organização. Ele trabalha visando o bem da empresa e não dos seus interesses.

O Trabalhador da Equipe. Sensível às outras pessoas, tem consciência das necessidades e inquietações dos outros e percebe mais claramente as tendências ocultas emocionais do grupo. Um bom ouvinte e comunicador, encoraja as outras pessoas a fazerem o mesmo. É o facilitador do processo de equipe.

O Finalizador. Esta é a pessoa que assegura a entrega. Depois que uma decisão é tomada, ele gosta de verificar se todos os detalhes foram averiguados e se todos conhecem suas responsabilidades. Meticuloso, consciencioso e cuidadoso, faz com que os prazos de entrega sejam cumpridos, preservando o sentido de urgência no grupo.

Ao ler essas descrições, provavelmente você poderá se encaixar em várias delas. Não que um de nós seja "presidente" e outro um "trabalhador de equipe"; cada um de nós tem a maioria dessas características em certa medida. O importante é tomar consciência da existência de diferentes papéis e perceber quais papéis costumam ser mais fortes em nós e quais são mais fracos.

Além disso, os papéis que representamos serão diferentes de acordo com os grupos. Uma pessoa pode parecer um bom formulador em determinada equipe, e bem menos em outra equipe, onde exista um formulador melhor. Essa análise é valiosa para a compreensão do papel assumido por uma pessoa da equipe, em vez de categorizar uma pessoa de maneira fixa.

Belbin deixa bem claro que não existe uma fórmula para criar uma equipe perfeita. Equipes bem-sucedidas podem variar em tamanho, de duas a dez ou mais pessoas; e muitas diferentes combinações dos papéis na equipe são possíveis. Seu trabalho mais útil está em ajudar-nos a compreender porque determinada equipe não está alcançando um desempenho dos mais criativos — como no caso de um grupo de "instaladores", uma equipe sem quaisquer instaladores ou pesquisadores de recursos, ou uma equipe com um número excessivo de formuladores em oposição. Também pode ser bastante valioso na reunião de uma equipe que seja assegurado que todos os aspectos do processo criativo sejam adequadamente abordados.

Esse tipo de avaliação foi fundamental para um projeto de grupo numa empresa industrial de porte médio. Ao concluir as avaliações desenvolvidas por Belbin (ver Bibliografia), descobriram que a equipe era muito forte em instaladores e investigadores, possuía um bom presidente, um bom trabalhador da equipe e um bom finalizador. Mas ninguém estava encarregado do papel de monitor-avaliador. Sem essas qualidades, muito provavelmente a equipe enveredaria por caminhos ainda não devidamente testados e avaliados, apenas para descobrir, meses depois, e pagando um preço alto, que haviam agido precipitadamente.

Percebendo essa falta, o líder do projeto buscou a ajuda de um bom monitor-avaliador de outra divisão, que participaria das reuniões mensais. Sua tarefa consistia em ouvir as sugestões, chamando a atenção para quaisquer fatores que pudessem ter sido deixados de lado e apontando as áreas onde ele achava que os demais componentes estavam sendo pouco realistas.

159

Analisar a forma como as pessoas trabalham em conjunto, como uma equipe, é um passo importante para permitir que o nosso impulso criativo flua mais livremente no mundo; mas o nosso trabalho com as outras pessoas não termina aqui. Se quisermos realizar um trabalho tão eficiente como gostaríamos, precisamos não só do apoio das outras pessoas; precisamos também de toda sua criatividade.

160

ADQUIRIR PODER

Todos somos parte de uma organização maior — seja ela a nossa família, o nosso projeto de equipe, a nossa comunidade social, a nossa empresa ou até mesmo a nossa espécie. Os tempos de constante mudança que estamos vivendo e os novos desafios exigirão que estas e outras organizações sejam capazes de responder com o máximo de criatividade possível. Isso significa liberar a criatividade do maior número possível de pessoas. Se quisermos que nossas idéias e valores se tornem mais presentes no mundo, no nosso trabalho e nas nossas famílias, não basta que nos tornemos administradores mais criativos; temos também de ajudar os demais para que se tornem o mesmo.

Facilitar o desenvolvimento de outra pessoa é essencial à administração de pessoas. Administrar é "otimizar o uso de recursos disponíveis". Em termos das pessoas, isso significa fazer com que os indivíduos usem plenamente seu potencial. Em outras palavras, um ingrediente essencial para a administração de qualquer grupo, no trabalho, em casa ou socialmente, é encorajar os processos criativos das outras pessoas — isto é, ajudá-las a compreender seus próprios mundos interiores; a confiar em si mesmas e nas suas intuições, a comunicar o que realmente sentem; a perceber seus próprios juízos de valor e a distanciar-se dos mesmos; a tomar consciência de suas motivações ocultas e, talvez o mais importante se quisermos trabalhar em conjunto e em harmonia, manter contato com seus corações e com aquilo que realmente tem importância para as pessoas.

Contudo, antes de tentarmos ajudar os demais a liberar sua própria criatividade, devemos lembrar como nós temos dificuldade em fazer isso. Não podemos dizer a nós mesmos para sermos mais criativos; não é algo que se possa fazer acontecer. Este livro vem tentando mostrar que precisamos aprender a deixar que aconteça.

Isso não significa que nada podemos fazer para facilitar a nossa própria criatividade; muitas são as formas de abrirmos o fluxo desse impulso inato e mais humano — como este livro também procurou mostrar. Tornar-se mais criativo é algo que surge em nós à medida que tomamos mais consciência das nossas individualidades e dos nossos processos interiores — algo que Abraham Maslow viu há trinta anos, quando escreveu que criatividade e auto-realização estão muito próximas e podem até ser a mesma coisa.

O mesmo acontece quando voltamos nossa atenção para a liberação do potencial criativo das outras pessoas. De nada adianta sugerir-lhes que sejam mais criativos — não podemos *fazer* com que as outras pessoas sejam criativas — nem tampouco podemos *fazer* com que deixem isso acontecer.

Entretanto, está ao nosso alcance fazer muita coisa para ajudá-las a tomar essa força para si.

Vejamos, por exemplo, o processo criativo em si. É relativamente fácil ajudar as pessoas nas fases mais exteriores da preparação e da concretização. Podemos mostrar como fazemos, ensinar habilidades e dar um retorno em relação ao desempenho. Mas quando se trata das fases mais interiores, precisamos ter uma abordagem um tanto diferente.

A frustração de outra pessoa é parte do seu próprio processo, e não alguma coisa pela qual deva ser censurada. Em vez de aconselhá-la a sair dessa situação difícil e continuar com a tarefa, devemos aceitar a validade da experiência para ela, lembrando como nós mesmos podemos ser apanhados nesta armadilha.

Todavia, também devemos ter consciência da tentação de projetar nossa própria experiência de frustração no outro, sugerindo, por exemplo, que ele tire um tempo para incubação. Talvez ele tenha necessidade de algo bem diferente. O que podemos fazer é dar-lhe espaço para perceber como está se sentindo em determinado momento e o que sua própria voz interior pode estar lhe dizendo.

De maneira semelhante, podemos encorajar as outras pessoas a dedicar algum tempo à incubação e à introvisão — sem punir subordinados por "perderem tempo", por exemplo; quando se afastar do problema por um tempo pode ser exatamente o que eles estão precisando; sem julgar ou rejeitar as idéias de outra pessoa apenas porque não conseguimos perceber de imediato o seu valor, mas dar a essa idéia a mesma chance de crescer que daríamos à nossa.

Mais uma vez, não se exige de nós exatamente uma forma diferente de "fazer", mas sim uma atitude diferente, uma maneira diferente de "ser" com as outras pessoas — uma maneira que incentive as pessoas e não faça com que se sintam julgadas ou ameaçadas.

A delegação de poderes

Delegar poderes é uma das expressões mais utilizadas e menos compreendidas. Não é algo que podemos fazer aos outros — embora alguns o quisessem — mas sim algo que criamos para nós mesmos. Trata-se de uma sensação de liberdade que sentimos interiormente; uma liberdade para ser quem realmente somos, para utilizar nossos recursos e expressar nossas verdades. Quando nos sentimos dotados de poder, sentimo-nos vivos, ativos, em contato com nossos sentimentos, responsáveis, nossa própria autoridade, valorizados e livres para escolher.

Mas ninguém nos "delega poderes". Ninguém nos faz sentir essa auto-estima, assim como ninguém nos deixa desconcertados — embora às vezes possamos acreditar que sim. Sentimentos de poder provêm do interior, do nosso próprio eu. Da mesma maneira, se quisermos que as pessoas com quem trabalhamos e vivemos se sintam mais fortalecidas em suas próprias vidas, não poderemos fazer isso por elas. O que podemos fazer é criar um ambiente no qual elas possam conferir poderes. Seguem-se alguns itens que consideramos úteis para facilitar este ambiente; talvez você tenha outras idéias que gostaria de acrescentar:

- Respeite a dignidade e a integridade de todas as pessoas. Cuidado para não julgar os demais apenas porque pensam, percebem ou se comportam de maneira diferente de você. Dê-lhes liberdade para serem o seu próprio e único ser. Isso não significa que você tenha de aceitar as opiniões ou ações das outras pessoas como corretas; exercite plenamente o discernimento. Mas não julgue o valor delas enquanto seres humanos. Ninguém tem esse direito.

- Incentive as outras pessoas a expressarem seus sentimentos e a comunicarem suas verdades. E ouça o que elas têm a dizer — lembre-se de que precisam ser ouvidas.

- Dedique tempo para conversar com as pessoas. Faça isso à sua própria maneira e de forma que elas compreendam. Confie na sua voz interior, no que se refere à sua atitude com as pessoas, em vez de confiar em seus juízos de valor ou naquilo que é ditado pelas convenções.

- Reconheça que as outras pessoas também têm suas necessidades. Perceba que a resistência delas à mudança pode ser tão pessoal quanto a sua. Coloque-se no lugar delas. Tente viver a forma como elas poderiam ver as coisas e quais são as suas convicções e suposições.

- Confie em si mesmo e seja você mesmo. Sua honestidade pode liberar a honestidade no outro. Se não sabe a resposta, não finja conhecê-la. Peça a opinião dos seus subordinados e patrões. Valorize suas opiniões e contribuições, e eles farão o mesmo.

- Não faça com que as outras pessoas acreditem que "devem" fazer algo. A voz interior desencorajadora que diz "Eu devo", "Eu tenho" podem inibir nossa liberdade interior.

- Não renegue o passado. Aquilo que você ou outras pessoas fizeram antes não é errado, apenas não é apropriado agora.

- Lembre-se: no fundo, todos queremos a mesma coisa.

Lidar com o próprio poder nem sempre é fácil — sobretudo quando as pessoas esperam que um bom administrador lhes diga o que fazer. Um bom exemplo disso nos foi dado por um administrador sênior e sua equipe, durante uma reunião. À pergunta de como encarava o seu papel, ele respondeu:

Eu sou o lubrificante. Este é o meu papel como administrador geral. Minha prioridade é o desenvolvimento efetivo da comunicação humana, a compreensão adequada dos nossos objetivos e como podemos fazer para que as pessoas atinjam seu potencial dentro da divisão. Desta forma, perceberemos nossos objetivos profissionais e nos divertiremos juntos fazendo isso.

Alguns dos componentes da sua equipe não consideraram essa resposta suficiente, e insistiram para que ele fosse mais específico. Curiosamente, ele se manteve impassível. Continuou repetindo a noção de que ele era o "lubrificante" do grupo. Não eram palavras vãs, mas sim a sua maneira de trabalhar. Ele fazia com que as pessoas entendessem o que devia ser feito e apoiava-as para que o fizessem.

O poder tampouco deve limitar-se ao ambiente de trabalho. Alguns componentes da nossa equipe de consultoria têm trabalhado intensamente com pessoas desempregadas em áreas urbanas. Uma mãe de três filhos, depois de anos sentindo-se impotente diante das autoridades como a igreja, professores e médicos, percebeu afinal:

Não somos nós e eles. Somos todos nós. Eu é que deixo que me considerem desautorizada. Quando percebi isso, pude aceitar a minha responsabilidade no rumo que estou dando à minha vida. Se eu ficasse sentada, nada iria acontecer. Se fizesse algo, qualquer coisa poderia acontecer. Se as pessoas faziam coisas que eu não entendia ou não apreciava, em vez de me lamuriar, agora eu pergunto, por quê? Faço questão de tomar parte. Minha vida é preciosa demais para que eu permita que outra pessoa assuma a responsabilidade por ela.

Outra mãe solteira da mesma comunidade, depois de muitos anos em hospitais psiquiátricos, recusou-se a levar uma vida dependente de drogas ou de médicos. Buscou seus próprios recursos, decidida a assumir a responsabilidade pela sua vida. Agora ela dirige um projeto voluntário para pessoas que sofrem como ela sofreu no passado. Oferecendo ajuda e comandando sua própria ajuda, ela não só recuperou a sua própria força como encontrou uma maneira de ajudar as outras pessoas a fazerem o mesmo.

Existem muitos exemplos semelhantes — o adolescente, desprezado pelos professores, que encarou a vida como um desafio e não como uma ameaça, e recentemente foi o melhor, na sua turma da faculdade, em direção teatral; a comunidade em Belfast que está criando, em meio ao ódio e à violência, um centro de educação numa casa quase em ruínas; o preso condenado à prisão perpétua que se tornou escultor e escritor mundialmente conhecido. São todas essas pessoas que, a despeito das inúmeras dificuldades, conseguiram ou estão conseguindo chegar lá. São pessoas que buscaram seus recursos interiores para conduzir as próprias vidas. São pessoas que trabalham em conjunto, não buscando as estrelas, mas vivendo e administrando suas vidas de uma forma criativa.

Liderança

Os líderes de amanhã serão aqueles que tiverem a capacidade de criar ambientes nos quais as pessoas se sintam donas do seu próprio poder. Esta é a essência da boa liderança. John Harvey-Jones, ex-presidente da ICI, escreve em seu livro *Making it Happen: Reflections on Leadership*,

> A liderança nos negócios é por si só um trabalho criativo, imaginativo, instigante e respeitável. Não se trata apenas da criação de riqueza, mas sim da criação de um mundo melhor para amanhã e do crescimento das pessoas.

Ele acredita que a geração de pessoas de espírito independente de hoje só permanecerá numa empresa que as trate com o máximo de respeito. Isso significa que os próprios líderes também precisam ser verdadeiros consigo mesmos. Ele prossegue dizendo: "A tarefa mais difícil para o administrador é a honestidade intelectual e implacável acerca de suas próprias habilidades, fraquezas e motivações." Para ele, implacável não significa pisar sobre os colegas e concorrentes, na busca desesperada de vantagem material. Trata-se, antes de mais nada, de autocrítica.

Colin Marshall, da British Airways, expressou recentemente sentimentos semelhantes:

> Imperadores governam; líderes motivam... eles conservam seu trabalho por aquilo que inspiram seus colegas a fazer, e não pelas ordens que distribuem...

Nosso recurso natural mais escasso é a liderança. Não a liderança que se adorna com alvoroço, mas aquela capaz de levar as pessoas a fazer coisas que não acreditavam que pudessem fazer. A liderança que depende, não de pompa e armaduras, mas de compreensão e cuidado com a inquietação das pessoas.

Outro líder, para quem a questão do crescimento individual é fundamental, é o presidente de uma corporação de alta tecnologia em Nova York, com quem trabalhamos:

Quero poder criar um clima no qual, ao termo de toda uma carreira conosco, uma pessoa se sinta compelida a dizer: "Minha vida na empresa foi utilizada de maneira válida. Não foi apenas uma boa empresa para trabalhar, como também cresci como ser humano. Através dessa experiência, sou melhor como pessoa."

Revendo a liderança

Além de reconsiderar o papel do líder, precisamos também reconsiderar quem são os líderes. A idéia convencional do líder é a de uma pessoa no topo da escala hierárquica, aquele que dá o tom para os demais seguirem, aquele que "mostra o caminho". Mas a liderança pode assumir diversas formas.

No modelo de papel de equipe desenvolvido por Belbin, o líder convencional em geral é considerado aquele dotado de características de "formulador" ou de "presidente". Sem dúvida, são personagens que dirigem a equipe em seu trabalho com vistas a determinado objetivo; mas os outros personagens "lideram" de outras formas. O "instalador" lidera a geração de idéias, o "trabalhador da equipe" lidera a facilitação do processo de equipe, o "monitor-avaliador" lidera a testagem de idéias e o "finalizador" lidera o trabalho contínuo e diário com o projeto.

As qualidades de "liderança" destes e de outros personagens são fundamentais para que a equipe funcione em sua plenitude. Se a pessoa encarregada do papel de "monitor-avaliador", por exemplo, não for capaz de ajudar o resto da equipe a se sentir apta, ele não conseguirá conduzir sua função de maneira eficaz. Talvez os outros não o ouçam tão bem; podem sentir-se ameaçados com suas críticas e retrair-se; ou talvez não confiem e não valorizem suas próprias qualidades e habilidades.

Assim como precisamos repensar quem é criativo e quem é administrador, temos necessidade também de reformular nossa idéia de liderança. É muito comum percebermos a liderança nas outras pessoas e não em nós mesmos, a liderança que podemos oferecer. Contudo, a liderança existe dentro de todos. Essa liderança provém de uma atitude mental, não necessariamente das qualificações que temos ou da nossa posição. Os líderes "mostram o caminho", algo de que todos somos capazes.

O mundo necessita agora não só de líderes no sentido convencional, mas de pessoas dispostas a "mostrar o caminho" — pessoas que possam dotar a si mesmas de poderes, que possam assumir a responsabilidade por suas vidas e pelo mundo em que vivem, e que possam criar um ambiente que permita aos demais atingir o próprio poder. Esses líderes não têm de viver no topo da hierarquia; podem surgir de todos os níveis e de todas as posições sociais. Nesse sentido, Gandhi, Madre Teresa, Bob Geldof, Chico

166

Mendes e Christopher Nolan são modelos de liderança tanto quanto os presidentes de corporações e de países.

Não existe uma fórmula "certa" para esse novo tipo de líder. Alguns são carismáticos, outros agem mais discretamente. Alguns podem ser competentes jogadores de equipe, enquanto outros podem ser fortemente individualistas e trabalhem melhor sozinhos. Alguns são ousados, outros agem na retaguarda. Alguns são orientados pela emoção, enquanto outros são mais lógicos e analíticos. Alguns são introvertidos e outros altamente extrovertidos. Alguns exercem a liderança consciente, outros se surpreendem com o fato de serem vistos como líderes.

O que os novos líderes precisam compartilhar não é um novo estilo exterior, mas um novo estilo interior. Eles compreenderão suas próprias motivações, assim como o que precisa ser feito. Sua verdade interior estará mais presente naquilo que fazem. Terão a coragem de lutar por aquilo que valorizam. Serão pessoas que compreendem que a verdadeira autoridade está naquela voz silenciosa ouvida em seus corações. Eles compartilharão sua aprendizagem e suas opiniões; encorajarão os demais para que ouçam essa voz interior para que juntos possamos conduzir-nos através desses tempos extraordinários.

Marilyn Ferguson resume tudo isso sucintamente no seu livro *A conspiração aquariana*:

> Platão disse um dia que a raça humana não se libertaria de seus males até que os filósofos se tornassem reis ou os reis de tornassem filósofos. Talvez exista outra opção, à medida que um número cada vez maior de pessoas vem assumindo a liderança de suas vidas. Elas se tornam o seu próprio poder central. Como diz o provérbio escandinavo: "Existe um rei em todos nós. Fale com ele e ele aparecerá."

Posfácio

Nenhuma das idéias apresentadas neste livro é nova. Algumas podem parecer novas quando nos deparamos com elas pela primeira vez, mas depois de uma reflexão mais detida, em geral descobrimos que elas refletem nossas sugestões pessoais e conhecimento interior. São coisas que já sabemos.

Sabemos que o mundo está mudando rapidamente, oferecendo a todos novos e profundos desafios. Sabemos que as antigas maneiras de lidar com os problemas não servem mais e que nossas atitudes atuais parecem levar a soluções insensatas. Sabemos que nossos valores têm de ser modificados.

Sabemos que poderíamos ser mais criativos do que temos sido. Sabemos que o processo da criatividade é misterioso e que não podemos forçá-lo a acontecer. Sabemos que podemos ficar aprisionados pelo modo como enxergamos as coisas e o quanto isso limita o nosso comportamento. Sabemos que precisamos ser mais liberais.

Sabemos que pode ser difícil suportar as pressões da vida e que temos de lidar melhor conosco. Sabemos que temos necessidade de aprender mais a respeito de nós mesmos. Sabemos que existe uma voz sábia dentro de cada um de nós — conquanto nem sempre confiemos nela. Sabemos que existem necessidades e valores mais profundos dentro de todos nós, aos quais às vezes não prestamos atenção. Sabemos que desejamos paz de espírito. Sabemos que precisamos valorizar as outras pessoas e suas diferenças. E sabemos que não podemos fazer isso sozinhos.

Sabemos também que não somos perfeitos. E que esquecemos facilmente que sabemos todas essas coisas.

Contudo, esses conhecimentos interiores são apenas senso comum. Nascem da nossa experiência de vida. A partir da infância, em casa e no trabalho, das profundezas do nosso sofrimento até as alturas da nossa alegria, estamos aprendendo sobre a vida. E por trás de todo esse aprendizado encontram-se verdades universais. Elas são nosso senso comum.

Infelizmente, não costumamos acreditar suficientemente em nós mesmos para confiar no nosso senso comum. A "sabedoria" convencional da sociedade conspira contra o conhecimento interior. E leva-nos para um mundo de fingimento. Duvidamos do nosso eu. Mantemos nosso conhecimento interior em segredo.

Mas a verdade está no exterior. Não existe segredo. É uma sabedoria que todos partilhamos. E como toda sabedoria é muito simples — diga a verdade, tenha calma, ouça, respeite seus sentimentos, respeite as outras pessoas, confie em você mesmo, aja com coragem e divirta-se.

É a sabedoria da criança, recriada com tanta beleza pelas palavras de Robert Fulghum:

Grande parte do que eu realmente precisava saber a respeito da vida, de como viver, do que fazer e de como ser, aprendi no jardim de infância. A sabedoria não estava no cume da montanha da faculdade, mas ali na caixa de areia da escola maternal. Essas são as coisas que aprendi: compartilhe tudo; seja leal; não magoe as pessoas; recoloque as coisas no lugar onde as encontrou; limpe aquilo que sujar; não pegue o que não for seu; peça desculpas quando machucar alguém; lave as mãos antes de comer...

Biscoitos quentes e leite frio são bons para você; leve uma vida equilibrada; aprenda um pouco, pense um pouco, desenhe, pinte, cante, dance, brinque e trabalhe um pouco a cada dia; tire uma soneca todas as tardes; quando sair para o mundo, fique atento no trânsito; dê as mãos e mantenha-se unido; perceba a maravilha...

Pense como o mundo seria melhor se todos nós — o mundo inteiro — tivesse biscoito e leite por volta de três horas de todas as tardes e depois deitasse com suas mantas para tirar um cochilo, ou se tivéssemos uma política básica em nossa nação e em outras nações de sempre recolocar as coisas no lugar onde as encontramos e limpássemos as sujeiras que fizéssemos. E isto continua a ser verdade, não importa a idade: quando sair para o mundo, é melhor dar as mãos e manter-se unido.

A história criativa do livro

Escrever este livro foi uma jornada pessoal através da criatividade para nós dois. Foi também um período de aprendizado interior, à medida que descobrimos o que era necessário para duas pessoas trabalharem juntas no mesmo projeto. Como a história aqui desenvolvida fascinou a ambos, e também a muitas outras pessoas que desejavam saber como duas pessoas escrevem um livro juntas, decidimos contar aqui.

A jornada teve início na Nigéria. Há algum tempo contemplávamos a idéia de colocar o material que estávamos utilizando em nosso trabalho na forma de livro. Tivemos uma manhã livre e decidimos preparar um esboço. Duas horas depois tínhamos uma folha de papel enorme tomada por um detalhado "mapa mental" de todas as nossas idéias, sua estrutura e organização, bem como os temas subjacentes que queríamos transmitir. O que vimos nos deixou entusiasmados.

Colocar esse mapa na forma de um livro linear afigurou-se tarefa relativamente fácil. A única dificuldade estava em que nós dois tínhamos muitos outros compromissos. A solução consistiu em contratar um jornalista amigo para trabalhar conosco. Este plano sem dúvida deu a partida, ajudando-nos no problema do tempo e a colocar muitas das idéias no papel. Mas faltava alguma coisa. O livro que surgia na verdade não captava a visão que tanto nos havia inspirado na Nigéria.

Lentamente, começamos a perceber como era difícil transmitir nosso pensamento a outrem. Poderíamos falar com facilidade acerca de todo o material e da sua estrutura, acerca do estilo e enfoque do livro; entretanto, era muito mais difícil comunicar o espírito que nos inspirava a alguém que não vivera conosco os anos de trabalho em conjunto. Por fim, concordamos que a única maneira de captar esse espírito seria escrever nós mesmos o livro. Decidimos fazer o que muitos outros co-autores haviam feito. Cada um assumiu a responsabilidade pela preparação inicial de alguns capítulos, passando-os ao outro para acréscimos e correções.

Mas isso aparentemente não nos levou muito longe; na realidade, o livro parecia estar avançando mais devagar ainda. Nossa frustração aumentava cada vez mais, nosso entusiasmo diminuía e começamos a duvidar se o livro algum dia seria concluído. Todavia, percebemos ao mesmo tempo que, sempre que sentávamos para trabalhar juntos, nossa inspiração e visões iniciais voltavam.

Então percebemos a verdade; o livro não provinha de duas mentes individuais, mas do nosso pensamento conjunto. Quando estávamos separados, o livro não tinha essência, não tinha vida real; quando trabalhávamos

170

juntos, a inspiração voltava e o livro brotava de nós. Por isso o amigo que tentara escrever o livro havia encontrado tantas dificuldades. Se nós não conseguíamos transmitir a idéia sozinhos, como poderíamos esperar que uma terceira pessoa pudesse fazê-lo?

Só havia uma solução. Tínhamos de escrever o livro em conjunto. Por coincidência, pela primeira vez em três anos, desde nossa reunião na Nigéria, ambos dispusemos de uma folga ao mesmo tempo. Assim, pedimos licença a nossas companhias, comprometemos nossas mentes conjuntas com o livro e fomos para o chalé de um amigo no campo.

Foi quando o verdadeiro processo de escrever o livro começou. Em menos de três meses escrevemos todo o livro, realizando muito mais do que havíamos feito em quase três anos. (Embora seja preciso reconhecer também que sem essa preparação prévia, esses meses não teriam sido tão proveitosos.) Igualmente, durante esses três meses intensivos ocorreu o nosso maior aprendizado.

Havíamos nos isolado para fugir de toda e qualquer distração, para podermos estar completamente absorvidos com o livro e passar muito mais tempo discutindo-o. Mas, continuávamos presos ao juízo de valor de que precisávamos trabalhar separadamente, em capítulos individuais. Imaginamo-nos sentados junto aos nossos computadores, em quartos separados. Contudo, o tempo frio e a falta de espaço conspiraram contra nós, fazendo-nos compartilhar uma grande sala no andar térreo do chalé para escrever. Passo a passo, fomos forçados a uma aproximação cada vez maior até que, alguns dias depois, um de nós teve a inspiração: "Como este livro é algo que parece estar surgindo do nosso pensamento em conjunto, o que estamos fazendo, trabalhando em partes diferentes do livro e em mesas separadas? Por que não tentamos trabalhar juntos no mesmo computador e no mesmo capítulo?"

A partir desse momento, praticamente cada frase do livro foi escrita por nós dois, simultaneamente. Colocamos um dos computadores ao lado da lareira, ampliamos a tela para 18-pontos e, sentados em poltronas, pensamos juntos diante da tela. Começamos a perceber que, além de inúmeras outras vantagens, o processamento de palavras proporcionou uma nova dimensão de escrita em conjunto.

Compor em conjunto na mesma tela encorajou a unidade do nosso pensamento. Na verdade, pouco importava quais dados por acaso estivessem no teclado: estávamos pensando juntos. Via de regra, depois de um período de estudo silencioso de um trecho que havíamos acabado de escrever, dizíamos as mesmas palavras, simultaneamente. Em outras ocasiões, um de nós via algo diferente que o outro não havia percebido — localizava uma palavra incorreta, uma expressão que não reproduzia plenamente a nossa intenção, algo que estava faltando ou algo em excesso. Se

171

estivéssemos escrevendo separados, teríamos deixado passar muitos desses pontos menores. O resultado dessa "composição coletiva" foi uma qualidade maior do que cada um de nós teria produzido individualmente.

Com isso não queremos dizer que tudo foi fácil. Em muitas ocasiões estacamos na frustração, sem encontrar a maneira correta de expressar algo, ou insistimos num trecho que não estava funcionando muito bem. Contudo, sempre que isso acontecia, o fato de sermos dois nos fazia ir além com muito mais rapidez do que seria possível se estivéssemos sozinhos. Trabalhando sozinhos, muitas vezes nem sequer percebemos que estávamos presos por uma frustração. Trabalhando juntos, pudemos localizar a frustração no outro, torná-la clara e reconhecê-la pelo que ela é. Reconhecendo em conjunto a nossa frustração, podíamos perceber se era chegado o momento de fazer um intervalo e relaxar, dar uma volta, sair para comer ou dar uma nova olhada no que estivéramos tentando escrever.

E percebemos que a mente aberta, tão essencial à criatividade, foi bastante favorecida com esse arranjo. Sozinhos, apenas uma mente está trabalhando, e essa mente muito facilmente cria uma idéia fixa. Uma segunda mente é uma fonte contínua de desafio e de inspiração.

Trabalhando juntos, pudemos ajudar-nos a dar um passo atrás e questionar quaisquer suposições que estivéssemos fazendo. Aprendemos a expressar questões e inquietações importunas, que por si sós parecem tolas ou intrometidas, mas que na verdade são a voz interior tentando fazer-se ouvir. Quando um de nós levantava essas questões, dedicávamos algum tempo para ouvir, confiando na voz interior do outro, em vez de considerá-la uma ameaça a nós mesmos. Sem essa confiança e respeito mútuos, a criatividade que fluía entre nós não teria sido tão plena.

Em outras palavras, duas pessoas podem tornar um estado de tensão criativa muito mais fácil do que apenas uma — embora nem mesmo isso expresse plenamente a fértil interação por nós usufruída, à medida que encorajávamos um ao outro a seguir sua voz interior e nos permitíamos confiar no processo que estava acontecendo entre nós e dentro de nós. Talvez jamais consigamos encontrar uma maneira adequada de colocar em palavras a satisfação que sentimos.

Escrever a dois ensinou-nos a respeitar nossas diferenças de maneira renovada. Estávamos bastante familiarizados com os papéis por nós assumidos na consultoria ou nas aulas. Contudo, escrevendo, nossos papéis dominantes se inverteram, levando-nos a ter um respeito renovado pela força do outro. Quanto mais aprendemos sobre o outro, mais fomos capazes de apoiar o outro e o processo do livro.

O fato de que compartilhávamos a mesma visão foi fundamental para o sucesso desta abordagem. Conquanto naturalmente cada um de nós trouxesse idéias, enfoques, expressões e intuições diferentes, ambos tínhamos o mesmo propósito. Havia uma unidade sob as nossas diferenças.

172

Talvez o maior de todos os aprendizados tenha sido dizer a verdade. Às vezes isso significava expressar nossas inquietações e frustrações e respeitar as questões e preocupações que afloravam espontaneamente. Outras vezes, significava dispor-se a falar ou a escrever apenas o que considerávamos verdadeiro por experiência própria. Isso foi importante para ambos. Queríamos criar um livro que falasse ao conhecimento interior das pessoas, bem como ao seu conhecimento consciente. Para isso, tivemos de nos dispor continuamente a ouvir e expressar o nosso conhecimento interior.

Para encorajar esse processo, vez ou outra perguntávamos: "O que o livro quer dizer?" ou "O que o livro quer de nós neste momento?" Isso ajudou a religar-nos com a nossa própria verdade, em vez de tentarmos forçar o livro a dizer o que nossas mentes superficiais consideravam melhor. Mais uma vez, a lição era de confiança, de não obrigar.

Outra contínua pedra de toque, repetidamente utilizada por nós, consistia em indagar: "Onde está a Vida neste trecho?" Acreditamos que a criatividade é fundamental para a Vida, e, para que o livro refletisse a nossa visão, queríamos que a Vida estivesse presente em todo ele.

Confiar significa também estar aberto para o completamente inesperado. Dois capítulos não estavam realmente previstos. Trabalhávamos em outro material quando de súbito um novo contexto, um novo rumo irromperam, levando-nos a um dos momentos mais excitantes da elaboração do livro.

A sincronidade também teve o seu papel. Cadeias coincidentes de eventos, nascidas do trabalho em conjunto, levaram-nos às vezes exatamente ao material ou aos exemplos de que necessitávamos (sem que nos déssemos conta) e no momento exato. Provavelmente, sozinhos não teríamos avançado ou permitido que as coincidências se revelassem como ocorreu.

Nada do que foi dito acima significa que desenvolvemos uma fórmula para ser seguida. Via de regra, se a nossa criatividade não estava fluindo tão livremente, era porque havíamos nos fixado em alguma fórmula de como trabalhar em conjunto. Cada momento era um momento novo; cada frase era um novo desafio. A chave estava em aprender a confiar: confiar em nossa voz interior, confiar em nossos sentimentos, confiar no outro e confiar no nosso trabalho em conjunto.

Em suma, não poderíamos ter escrito este livro sozinhos. Nem tampouco teríamos escrito juntos, se não tivéssemos reconhecido que o livro provinha do nosso pensamento em conjunto. Além disso, se não estivéssemos dispostos a confiar no processo criativo, em todos os seus aspectos, certamente não poderíamos ter escrito o livro juntos, com tanta rapidez e satisfação como fizemos.

O trabalho dos autores nas organizações

Roger Evans e Peter Russell trabalham juntos numa variedade de projetos de consultoria e treinamento, em diferentes partes do mundo, utilizando as idéias e princípios da administração criativa delineados nestas páginas. Além disso, ambos exercem separadamente a consultoria e o treinamento.

Roger Evans interessa-se pelo desenvolvimento de relações de longo prazo com as organizações que desejam compreender as habilidades humanas "concretas" da década de 90 e que reconhecem a necessidade de criar um ambiente de aprendizado para essas aptidões bem como de atribuir poderes ao seu pessoal. Ele é diretor administrativo dos Consultores do Aprendizado Criativo — CAC —, grupo de consultoria e de educação. Esse grupo desenvolve suas atividades amplamente, trabalhando de modo extensivo com empresas e também na área da política social e governamental. Em todas essas áreas, a CAC utiliza uma nova metodologia de aprendizado, que coloca em prática o material deste livro. A CAC possui também um programa de treinamento nesse processo para profissionais.

Creative Learning Consultants
The Barn
Nan Clarks Lane
Londres NW7 4HH
Inglaterra

Peter Russell trabalha com inúmeras corporações em busca de novas formas de administrar o futuro. Grande parte deste trabalho concentra-se no papel representado pela auto-administração no desenvolvimento de pessoas, organizações e da sociedade como um todo. Interessam-no particularmente as implicações de longo prazo da inovação social e tecnológica, bem como as mudanças no pensamento humano que elas poderiam provocar. Ele acredita que apenas explorando e desenvolvendo o nosso potencial interior poderemos enfrentar os desafios do século XXI. Além de discorrer sobre este tema em várias organizações e instituições, Russell dirige diversos programas nas áreas afins da administração do estresse, dos juízos de valor, do processo de aprendizado e do pensamento criativo, e também facilita sessões de solução criativa de problemas e *brainstorming*.

Peter Russell
BM Noetics
Londres WC1N 3XX
Inglaterra

Leituras adicionais

Os títulos seguintes pertencem a alguns dos livros mencionados no texto e que julgamos ser muito úteis para o desenvolvimento do nosso trabalho. Damos aqui algumas informações para os leitores que desejarem explorar algumas dessas áreas mais profundamente.

Adams, James L., *Conceptual Blockbusting: A Pleasurable Guide to Better Problem Solving* (Norton, Londres, 1978).

Beer, Stafford, *Platform for Change* (John Wiley, Chichester, 1975).

Belbin, R. Meredith, *Management Teams: Why They Succeed or Fail* (Heinemann, Londres, 1981).

Brown, Mark, *The Dinosaur Strain: The Survivor's Guide to Personal and Business Success* (Element, Shaftesbury, 1988).

Emerson, Ralph Waldo, 'Self Reliance in *The Complete Works of Ralph Waldo Emerson*, org. Edward W. Emerson, 1903-4.

Ferguson, Marilyn, *The Aquarian Conspiracy: Personal and Social Transformation in the 1980s* (Routledge and Kegan Paul, Londres, 1982).

Fisher, Roger e Brown, Scott, *Getting Together: Building a Relationship that Gets to Yes* (Houghton Mifflin, Boston, 1988).

Fisher, Roger e Ury, William, *Getting to Yes: Negotiating for Agreement Without Giving In* (Houghton Mifflin, Boston, 1981).

Fulghum, Robert, *Everything I Need to Know I Learned in Kindergarten* (Villard, Nova York, 1989).

Goldberg, Philip, *The Intuitive Edge: Understanding and Developing Intuition* (Tarcher, Los Angeles, 1983). [*O Limiar da Intuição — O Que é Intuição e como Aplicá-la na Vida Diária*. Editora Cultrix, São Paulo, 1992.]

Harvey-Jones, John, *Making It Happen: Reflections on Leadership* (Collins, Londres, 1988).

Kelly, Marjorie, 'Revolution in the Marketplace' *Utne Reader*, Jan/Fev. de 1989.

Kilmann, Ralph H., *Beyond the Quick Fix: Managing Five Tracks to Organizational Success* (Jossey-Bass, Londres, 1986).

Kinsman, Francis, *The New Agenda* (Spencer Stuart, Londres, 1983).

Lynch, James J., *The Language of the Heart: The Body's Response to Human Dialogue* (Basic Books, Nova York, 1985).

MacNulty, Chris, *The Future of the UK 2010* (Applied Futures Ltd. report, Londres, fevereiro de 1989.

MacNulty, W. Kirk, 'UK Social Change Through a Wide-Angle Lens' *Futures*, agosto de 1985.

Morgan, Gareth, *Images of Organization* (Sage Publications, Londres, 1986).

Morgan, Gareth, *Riding the Waves of Change: Developing Managerial Competencies for a Turbulent World* (Jossey-Bass, Londres, 1988).

Naisbitt, John, *Megatrends: Ten New Directions Transforming our Lives* (Warner, Nova York, 1982).

Naisbitt, John e Aburdene, Patricia, *Re-Inverting the Corporation* (Warner, Nova York, 1985).

Nixon, Peter G. F., 'Stress and the Cardiovascular System' *Practioner*, setembro de 1982, 226, 1589-98.

Peters, Tom, *Thriving on Chaos: Handbook for a Management Revolution* (Macmillan, Londres, 1987).

Ray, Michael e Myers, Rochelle, *Creativity in Business* (Doubleday, Nova York, 1986).

Schofield, Robert E., *The Lunar Society of Birmingham: A Social History of Provincial Science and Industry in Eighteenth-Century England* (Clarendon Press, Oxford, 1963).

Schwartz, Tony, 'Acceleration Syndrome: Does Everyone Live in the Fast Lane Nowaday's *Vanity Fair*, outubro, 1988.

Scully, John, com Byrne, John A., *Odyssey* (Harper & Row, Nova York, 1987).

PONTO de RUPTURA e TRANSFORMAÇÃO

Como entender e moldar as forças da mutação

George Land
Beth Jarman

"Ao longo deste século, vêm ocorrendo mudanças sociais, políticas e tecnológicas sem precedentes. Mudanças mais profundas estão à nossa frente. Para tomar as decisões que nos serão exigidas, devemos compreender a natureza da própria mudança – suas causas e seus efeitos –, os riscos e possibilidades que ela traz. É urgente e vital saber como criar um futuro mais desejável e mais humano."

Instituto Smithsoniano

A espantosa avalanche de mudanças que atinge cotidianamente nossa vida pessoal, nossas organizações, a nossa nação e o planeta promete prosseguir. Incontáveis especialistas relatam, em um número imenso de livros e artigos, que a mudança em curso é mais rápida e tempestuosa do que as de todas as épocas da história humana. Embora precisos, esses relatos obscurecem o real sentido do que está acontecendo.

A mudança em curso não é somente mais rápida, mais complexa, mais turbulenta, mais imprevisível. *A mudança em curso é diferente de todas as outras.*

Estamos num Ponto de Ruptura. O fato novo que devemos encarar é: *a própria mudança mudou!*

Ponto de Ruptura e Transformação é um livro que trata de todas as interrogações acerca da mudança. Quantas mudanças mais teremos? Com que rapidez vão acontecer? Para onde leva tudo isso? E, o que é mais importante: como podemos lidar com ela de maneira bem sucedida?

Neste livro, George Land e Beth Jarman respondem e aprofundam essas indagações, ampliando a compreensão da maneira como podemos entender o ponto de ruptura social que hoje envolve o mundo e fornecendo os instrumentos e habilidades pessoais necessários para lidarmos com as amplas transformações da nossa época.

EDITORA CULTRIX

O DINHEIRO É MEU AMIGO

Phil Laut

DESCUBRA COMO O PRINCÍPIO DO PRAZER PODE AJUDAR VOCÊ A OBTER LUCRO, ESTABELECER SÓLIDAS BASES FINANCEIRAS E CRIAR UM FUTURO PRÓSPERO PARA SI E PARA A SUA FAMÍLIA.

Ganhar dinheiro pode ser uma atividade divertida, fascinante e criativa. Phil Laut, cujos seminários sobre finanças têm ajudado milhares de pessoas, em todos os ramos da vida, a aumentar impressionantemente seus rendimentos, demonstra como você pode superar os obstáculos principais para ganhar dinheiro: a culpa, o medo e os sentimentos de impotência ou de pressão.

Uma vez que você tiver feito do dinheiro seu amigo, irá descobrir que aumentar sua renda é uma simples questão de usar a imaginação. Neste livro, único no gênero, você encontrará exercícios e testes para ajudá-lo a entender e a utilizar:

⑤ As quatro Leis da Riqueza ⑤ O método de seis passos para desenvolver um objetivo na vida ⑤ O plano de sete estágios para encontrar a carreira perfeita para você ⑤ As doze técnicas para criar uma nova imagem de si mesmo ⑤ As quinze afirmações para mudar sua maneira de pensar sobre o dinheiro ⑤ E muito mais!

EDITORA PENSAMENTO

O DESPERTAR DA TERRA
O Cérebro Global

Peter Russell

Existe um cérebro global?

Pesquisas levadas a cabo nos últimos anos sugerem que os seres humanos são capazes de formas sutis de comunicação. O elo inexplicável entre o bebê e sua mãe, os modos misteriosos de comunicação entre animais e entre insetos e os acidentes pessoais de afinidade aparente — tudo isso são indícios de que existe algo unindo tudo o que vive.

Em seu livro, *O Despertar da Terra — O cérebro global*, Peter Russell ressalta a necessidade urgente de assegurarmos que o nosso "cérebro global" seja mentalmente são, e não insano. Cada um de nós, "neurônios", deve dar alguns passos em direção à sanidade coletiva. Na nossa vida pessoal, por exemplo, podemos fazer o máximo possível em prol da conservação dos recursos naturais. Podemos descobrir novos métodos para nos renovarmos continuamente. Podemos tentar eleger e apoiar líderes que pareçam respeitar a interdependência de todas as pessoas. E podemos ser nós próprios esses líderes.

A leitura deste livro é um convite para percebermos que podemos ir além da mera sobrevivência. Podemos aprofundar o sentido da nossa existência fazendo uso da nossa imaginação e conceber a nós mesmos como parte de um todo maior, de uma humanidade que desperta para o nascer de um novo entendimento.

Do prefácio de
Marilyn Ferguson

EDITORA CULTRIX

O QUE É INTUIÇÃO
e como aplicá-la na vida diária

Philip Goldberg

O que é Intuição é uma leitura obrigatória para todos os que querem viver com mais criatividade, satisfação, sabedoria e paz interior. O Autor, Philip Goldberg, nos proporciona uma visão clara da natureza da intuição, uma orientação valiosa para as diversas formas de experiência criativa, além de exercícios práticos, com o objetivo de criar condições favoráveis para a ocorrência da intuição.

A função criativa da intuição, conforme Philip Goldberg a define neste livro proveitoso e informativo, expande nossas capacidades ao nos colocar diante de opções, alternativas e possibilidades. Uma intuição correta também nos permite avaliar nossas decisões, predizer o futuro e descobrir idéias vitais a respeito de nós mesmos e do ambiente em que vivemos. Ela é, nas palavras do Autor, "um guia eficaz para a vida diária".

Em resumo, a intuição traz felicidade, admiração e harmonia. E *O que é Intuição* pode nos ajudar a descobrir o maior de todos os terapeutas — aquele que está dentro de nós, transformando-nos em pessoas mais espontâneas, independentes, despreocupadas e livres.

* * *

O autor, Philip Goldberg, tem feito muitas palestras nas áreas de desenvolvimento humano e consciência. É formado em psicologia e em educação.

EDITORA CULTRIX

O TRABALHO CRIATIVO
O Papel Construtivo dos Negócios numa Sociedade em Transformação

Willis Harman e *John Hormann*

Quais são os novos meios de se fazer negócios capazes de proporcionar a todos os cidadãos oportunidades para um trabalho significativo e gratificante? E por que só agora essa ação é possível?

Uma profunda transformação no papel do trabalho e dos negócios está em andamento. Sua energia propulsora não brota de uma administração engenhosa, ou de líderes carismáticos, mas é uma irrupção de novas metas e valores mais profundos que inclui uma grande faixa de pessoas. Existem fortes evidências de que a valorização do aprendizado, do ensino e do desenvolvimento humano indica uma sociedade em vias de curar a si mesma.

Os negócios, grandes e pequenos, estão numa posição singular para canalizar essas aspirações em prol de um trabalho significativo voltado para a transformação construtiva do mercado de trabalho. Muitos negócios estão já em bem-sucedido estágio de funcionamento, com base em novas regras recém-elaboradas: sobreviver, prosperar e colaborar.

....

"Uma obra-prima. Harman e Hormann atacam os maiores problemas que atormentam o ser humano atual com uma perspectiva eclética única, compassiva, fruto de uma laboriosa e minuciosa pesquisa. O livro resultante é uma fonte de inestimável valor para todos os que se interessam pelo futuro do trabalho."

— Larry Wilson, fundador e diretor-executivo dos Pecos River Learning Centers, Inc.

"Não conheço outro tema de tanta relevância para a nossa vida na Terra agora do que o modo como fazemos negócios. O comércio pode destruir ou recuperar o planeta. Este livro insuperável sobre o trabalho no futuro é uma crítica extraordinária sobre o tema crucial da nossa década: a responsabilidade social."

— Paul Hawken, empresário, consultor, autor de *The Next Economy*.

"Livro desbravador. Se me fosse perguntado que livro considero essencial para abrir novas perspectivas de vida e fazer uma contribuição significativa, eu indicaria este. Harman e Hormann divulgam uma sabedoria que reúne apenas o melhor da economia, da psicologia dos negócios, da física, da engenharia, da filosofia. Oremos para que algum dia, logo no início do próximo milênio, sejamos capazes de olhar para o passado e dizer que seguimos as diretrizes sugeridas por este livro."

— Michael L. Ray, co-autor de *Creativity in Business*.

EDITORA CULTRIX

COMO SUPERAR O STRESS
TREINAMENTO AUTÓGENO

Dr. Hannes Lindemann

O Treinamento Autógeno ajuda o homem moderno a manter o equilíbrio físico e espiritual ou a recuperá-lo. O uso de fórmulas de auto-sugestão ajuda a esquecer a ansiedade e a pressa da vida cotidiana. Os exercícios básicos desse treinamento, junto com as fórmulas propostas pelo Autor, levam a resultados surpreendentes: aumentam a capacidade de concentração, eliminam o nervosismo e as doenças psicossomáticas, tais como as úlceras, a asma e distúrbios sexuais. Além disso, consegue-se uma nítida melhora nos casos de comportamentos compulsivos, de hipocondria, de medo e de depressão.

Quem fizer regularmente os exercícios propostos neste livro notará um aumento no bem-estar físico, no equilíbrio interior e no rendimento no trabalho. Os exercícios, organizados justamente para as pessoas que não têm tempo ou não podem freqüentar cursos especializados, são descritos de forma simples e fácil, e as fórmulas apresentadas tiveram seus resultados práticos comprovados.

* * *

O autor, Dr. Hannes Lindemann, estudou medicina esportiva nas cidades de Posen, Marburgo e Hamburgo. Na juventude, ficou mundialmente conhecido por ter feito a travessia do Oceano num barco de lona, o menor de que se tem notícia nessas competições. As situações perigosas que teve de enfrentar, nessa e em outras ocasiões, só foram superadas graças à ajuda do Treinamento Autógeno. Seus conhecimentos sobre o tema "como sobreviver em situações de perigo" estão registrados nos vários livros que escreveu, todos de grande repercussão em todo o mundo.

EDITORA CULTRIX

O PONTO DE MUTAÇÃO

Fritjof Capra

Em *O Tao da Física*, Fritjof Capra desafiou a sabedoria convencional ao demonstrar os surpreendentes paralelos existentes entre as mais antigas tradições místicas e as descobertas da Física do século XX. Agora, em *O Ponto de Mutação*, ele mostra como a revolução da Física moderna prenuncia uma revolução iminente em todas as ciências e uma transformação da nossa visão do mundo e dos nossos valores.

Com uma aguda crítica ao pensamento cartesiano na Biologia, na Medicina, na Psicologia e na Economia, Capra explica como a nossa abordagem, limitada aos problemas orgânicos, nos levou a um impasse perigoso, ao mesmo tempo em que antevê boas perspectivas para o futuro e traz uma nova visão da realidade, que envolve mudanças radicais em nossos pensamentos, percepções e valores.

Essa nova visão inclui novos conceitos de espaço, de tempo e de matéria, desenvolvidos pela Física subatômica; a visão de sistemas emergentes de vida, de mente, de consciência e de evolução; a correspondente abordagem holística da Saúde e da Medicina; a integração entre as abordagens ocidental e oriental da Psicologia e da Psicoterapia; uma nova estrutura conceitual para a Economia e a Tecnologia; e uma perspectiva ecológica e feminista.

Citando o *I Ching* — *"Depois de uma época de decadência chega o ponto de mutação"* — Capra argumenta que os movimentos sociais dos anos 60 e 70 representam uma nova cultura em ascensão, destinada a substituir nossas rígidas instituições e suas tecnologias obsoletas. Ao delinear pormenorizadamente, pela primeira vez, uma nova visão da realidade, ele espera dotar os vários movimentos com uma estrutura conceitual comum, de modo a permitir que eles fluam conjuntamente para formar uma força poderosa de mudança social.

EDITORA CULTRIX

UMA TOTAL MUDANÇA DE MENTALIDADE
Willis Harman

Se o mundo de que nos fala a ciência é verdadeiro, por que não nos sentimos mais à vontade dentro dele?

Estamos atravessando uma das mais importantes e decisivas mudanças da História — uma mudança na atual estrutura de crenças da sociedade industrial do Ocidente. Assim como a revolução copernicana influiu sobremaneira no avanço da ciência e da tecnologia modernas, a transformação paradigmática que vivemos hoje está nos revelando novos potenciais da consciência humana.

Essa completa mudança de mentalidade não só é capaz de explicar os supostos paradoxos da nossa sociedade como nos está proporcionando o contato com um universo que inspira reverência e deslumbramento. Sua mensagem consiste em provar que nenhum poder econômico, político ou militar pode se comparar à força de uma mudança radical de mentalidade. *Pelo fato de estarem deliberadamente mudando a imagem interior que têm da realidade, as pessoas estão mudando o mundo.*

Poucas pessoas são tão abalizadas para tratar desse assunto quanto Willis Harman, Ph.D., presidente do Institute of Noetic Sciences. Sua carreira abrange o estudo de ciências tanto técnicas como psicológicas.

* * *

Uma Total Mudança de Mentalidade é uma síntese brilhante da sabedoria perene, dos progressos revolucionários ocorridos no pensamento científico e na filosofia da ciência... A mensagem que este livro contém pode ser de importância decisiva para o futuro da humanidade...

> Stanislav Grof, autor de *Emergência Espiritual* e de *A Tempestuosa Busca do Ser*, com a co-autoria de Christina Grof, publicados pela Editora Cultrix.

Esplêndido! Um guia maravilhosamente conciso e profundamente útil para a grande transformação que ora está ocorrendo no nosso planeta.

> Hazel Handerson, economista e autora de *Creating Alternative Futures*.

Os vínculos que o autor estabelece entre a Metafísica, a Psicologia e a Sociologia... guiarão nosso pensamento por décadas.

> Michael Murphy, presidente e co-fundador do Esalen Institute.

EDITORA PENSAMENTO